中文經典100句

資治通鑑 續編

輕鬆閱讀經典，深入中文堂奧，強化寫作必備案頭書

先發制人，後發制於人　機不可失，時不再來　物極則反，器滿則盈　去河北賊易，去朝廷朋黨難

國以民為本，民以食為天　愛之所以傷之

唯名與器不可假人　用筆在心，心正則筆正　成大功者不謀於眾

文化大學中文系 季旭昇教授——總策畫

知名歷史專欄作家 公孫策——編著

〈出版緣起〉

站在文化巨人的肩膀上

季旭昇

「犁明即起，灑掃庭廚。忘著窗外，一片籃天白雲，令人腥情振忿。隨便灌洗一下，整理遺容之後，走到客聽，粘起三柱香，拜完劣祖劣宗，希望祖宗給我保屁。然後匆匆敢往朋友的壽宴，為朋友舉殤祝壽，大家喝的慾罷不能。談到朋友的事葉出現危機，我就建議他要摒持理念、拿出破力。朋友也免勵我要多用功，才能寫出家譽戶曉、擲地有聲的文章。晚上我開始發糞讀書，日以繼夜的終於寫完這一篇文章。」

這是用現在見怪不怪的錯字集錦而成的一篇小文，果然可以「擲地」，但是未必「有聲」。近年來，這種錯字太多了，老師開始憂心、家長開始憂心、社會賢達開始憂心，只有學生和教育主管當局不憂心，教育主管當局甚至於還要進一步削減中小學的國語文授課時數。終於，社會的憂心迸發了，由各界組成的「搶救國文聯盟」日前已起來呼籲教育主管當局要正視這個問題，不要坐視國家競爭力一日一日的衰落。

身為文化事業一份子的商周出版，老早就在正視這個問題了，所以洞燭機先地策畫了「中文可以更好」系列，為文字針砭、為語文把脈，希望把這些年語文界的毛病治好。各界反應還不錯。

語文的毛病治好了，體質還是不夠強壯。商周出版認為進一步要熬十全大補湯，讓我們的語文更強壯。這「十全大補湯」就是「中文經典一〇〇句」系列。

《荀子・勸學篇》說：

「吾嘗終日而思矣，不如須臾之所學也。吾嘗跂而望矣，不如登高之博見也。登高而招，臂非加長也，而見者遠；順風而呼，聲非加疾也，而聞者彰。假輿馬者，非利足也，而致千里；假舟楫者，非能水也，而絕江河。君子生非異也，善假於物也。」

學畫一定要先從芥子園畫譜學起。芥子園畫譜是初學者的「經典」。

張大千的畫藝要更上層樓，所以要去千佛洞臨壁畫。千佛洞是張大千的「經典」。

學書法的人要學二王顏柳，二王顏柳是書法界的「經典」。

經典是古代聖賢才智的結晶，是民族文化的源頭。

多認識經典可以讓我們站在巨人的肩上，長得更快、更高。

多認識經典可以讓我們的思想、文字帶有民族智慧、民族風格。

《論語》、《史記》、《古文觀止》、《孟子》、《詩經》、《莊子》、《戰國策》、《唐詩》、《宋詞》、《世說新語》、《資治通鑑》、《昭明文選》、《六祖壇經》、《曾國藩家書》、《老子》（「中文經典一〇〇句」已出版）、《荀子》、《韓非子》、《兵法》、《易經》（「中文經典一〇〇句」即將出版），這十幾本書應該是現代國民的「最低限度必讀經典」，做為這個民族的一份子，沒有讀過這十幾本書，就稱不上這個民族的「知識分子」。但是，現代人實在太忙了，大人忙著五光十色、小孩忙著被教改、社會忙著全民英檢、國家忙著走出去，人人都在盲茫忙，商周出版因此為忙碌的人們燉一鍋大補湯，用最活潑簡明的文句，把經典的精粹提煉出來，讓大家可以在「三上」（馬上、枕上、廁上）閱讀。在做完文字針砭、為語文把脈、把病痛治好後，讓我們來培元固本，增強功力，站在文化巨人的肩膀上，看得更高，飛得更遠！

（本文作者爲台灣師範大學國文系退休教授，現任文化大學中文系教授）

〈作者序〉

監前世之興衰，考當今之得失

公孫策

《資治通鑑》這部史書，上起戰國、下終五代，前後記錄了一千三百六十二年。它不是斷代史，卻也不是通史，它是一部專門給執政者看的史書，其宗旨就是標題這十二個字。這十二個字是司馬光在全書修成之後的奏章中所言，事實上也是我們讀歷史最主要的目的之一：以史為鑑，不要再犯前人犯過的錯誤。

這部史書採編年體，也就是一年一年、一月一月往下記述，所以它的文學性就不如紀傳體那般豐富。我常說「司馬遷和司馬光都是史家，都姓司馬，可是文采差很多」，以《史記》與《資治通鑑》相比較，司馬遷的文采當然比司馬光飛揚多了。

然而，兩部史書的目的卻是不一樣的。司馬遷著《史記》是抱著「究天人之際，通古今之變，成一家之言」的胸懷，司馬光則完全沒有「成一家之言」的「私心」，反而有著標題這十二個字，以及「著生民之休戚，使觀者自擇其善惡得失，以為勸戒」的孤孽之心。

由於文學性不那麼豐富，《資治通鑑》的名言名句就不若《史記》那樣俯拾皆是。儘管如此，由於上下一千三百多年，發生的事情實在太多，所以名句也不少，以致於本書只擷取至淝水大戰為止，不無遺珠之憾。

「中文經典一〇〇句」在此之前出了十五本，我執筆其中的《中文經典一〇〇句——史記》與

《中文經典一〇〇句——戰國策》。在每一篇的「歷久彌新說名句」部分，常常需要引用其他時代的歷史故事以為印證。但是這項工夫在寫《中文經典一〇〇句——資治通鑑》時卻可以「不假外求」——之所以稱為通鑑，就是可以前後對照著看。易言之，前面看到一種「得或失」，後面會一而再、再而三地看到。既讓人喟歎「狗改不了吃屎」，也不得不感歎那些不怕死的骨鯁之士真是前仆後繼！

總之，司馬光編撰《資治通鑑》是給皇帝看的，希望皇帝能鑑古知今。當今民主時代，老百姓是頭家，讀《通鑑》當可明察公僕的得失所在。

二〇〇七年秋

〈續編後記〉

《中文經典一〇〇句——資治通鑑》交稿之後，我立刻就動筆寫這一本《續編》。

一個始料未及的難處出現了：《資治通鑑》是一部上下一千四百年的巨著，上一本從「三家分晉」開始，名句隨選隨寫，毫無壓力，寫到淝水大戰「風聲鶴唳，草木皆兵」為止，共計一〇〇句。《續編》的目標是將後面全部囊括在一本裡面，我原本與編輯商量，如果超過一〇〇句，就多納入幾篇，不必拘泥一〇〇句，編輯也同意了。可是，一路寫下來卻發現，如果以上一本的標準來選擇，恐怕要超過三、四十句，不是原先想的「可能超過幾句」而已。於是在寫作的最後階段大動干戈，將一些原本想要讓它獨立成篇的名句「塞」進其他名句的「歷久彌新」當中。

另一個「副作用」是：將近一整年「泡」在《資治通鑑》當中，很難不被司馬光「洗腦」。好在讀者是一篇一篇分開來看，如果書中有稍嫌太過「先王聖教」的說教味，則請體諒。

重要的是寫完了這本《中文經典一〇〇句——資治通鑑．續編》，前序的「遺珠之憾」得以圓滿交卷，對讀者有了交代。

二〇〇八年春

用兵遣將

治國愛民

Contents／目錄

用人識人

Contents／目錄

廣納建言

自我修爲

資治通鑑續編

用兵遣將

先發制人，後發制於人

名句的誕生

劉文靜[1]謂裴寂[1]曰：「先發制人，後發制於人。何不早勸唐公[2]舉兵，而推遷[3]不已！且公為宮監，而以宮人侍客[4]，公死可爾，何誤唐公也。」

～〈隋紀〉

完全讀懂名句

1. 劉文靜：時任晉陽（今山西太原）縣令。裴寂：時任晉陽宮監（總管）。
2. 唐公：李淵受隋封為唐公，擔任晉陽留守（掌軍政大權）。
3. 推：推托。遷：遷延。
4. 以宮人侍客：裴寂以晉陽宮中的宮女「招待」李淵。

語譯：劉文靜說：「先採取行動就能占據有利位置，行動落後就受制於人。你為什麼不勸唐公早點發兵，而一再推托耽誤時間？何況閣下身為晉陽宮總管，卻以宮女款待客人，你自己該死也就罷了，為什麼要拖累唐公呢？」

名句的故事

劉文靜和裴寂是隋朝的官吏，在天下大亂、隋朝眼看要崩盤的時候，他倆在晉陽城上望見烽火，慨嘆「將何以自存」。於是劉文靜向李世民下手，遊說這位少年英雄暗中布署賓客、招攬英雄；裴寂則向李淵下手，一再鼓動李淵起兵。

當時關中地區盜賊橫行，陷入無政府狀態，

這一塊表裡河山的歷代帝王發祥地，乃成為群雄覬覦的目標。當時起義軍中最強的是李密，李密想要入關，但受到王世充的牽制，又貪戀洛口倉的糧食，所以遲遲不行。距離關中最近，且兵糧充足的是唐公李淵，可是李淵對起義造反遲疑不決。

李世民勸老爸起兵，李淵嘴巴答應，卻沒有實際行動。李世民於是賄賂裴寂：派人跟裴寂賭博，故意輸給他（這場「政治麻將」李世民出資數百萬錢），裴寂因而加力遊說李淵，可是李淵仍然遲疑。

最後促使李淵起兵的卻是隋煬帝：由於西北地區盜賊橫行，隋煬帝指責晉陽留守唐公李淵與馬邑太守王仁恭「剿匪不力」，派使者要押李淵去江都（揚州，當時煬帝南巡駐所）。李淵這下子真怕了，下令起兵，可是隋煬帝的使者又來宣布赦令，李淵於是又下令暫緩。

這時，劉文靜向裴寂說了本文這番話，恐嚇他犯了死罪，於是裴寂再用力勸說李淵，李淵乃發兵攻進關中，成為後來平定天下的基地。

歷久彌新說名句

劉文靜說的這兩句名言，出自《史記・項羽本紀》：陳勝、吳廣揭竿起義之後，會稽郡守殷通也想起兵造反，就找來素具聲望的項梁，對他說：「天要亡秦了，我聽說『先發制人，後則為人所制』，我決定發兵起義，請先生擔任將領。」

項梁指使項羽，一劍斬下殷通的腦袋，然後號召會稽地區的楚國舊部與江東豪傑，募集八千兵馬，起義抗秦——殷通說得對，可是項梁實際執行了「先發制人」！

名句可以這樣用

《荀子》說：「制人與為人制也，其相去遠矣。」意思就是主動與被動有天壤之別，「先發制人，後發制於人」更進一步闡示搶先行動的重要。俗話「先下手為強，後下手遭殃」意思雖接近，卻是江湖人打街架的層次了。

死中求生，敗中取勝

名句的誕生

昨日破城，將士輕敵，微有不利，何足為懷[1]！丈夫當死中求生，敗中取勝。今破竹之勢已成，奈何棄之而去！

～〈陳紀〉

完全讀懂名句

1. 懷：心存芥蒂。

語譯：昨天我軍攻破（晉陽）城池，將士因勝利而起輕敵之心，以致於演變成不利的結局，但是這樣一個小挫折，哪裡值得心存芥蒂！大丈夫應該在死地找出生路，在敗陣中找到勝機。如今晉陽一攻下，就可以勢如破竹地滅掉北齊，豈可棄此而去！

名句的故事

南北朝後期，北周滅北齊、統一北方的晉陽之戰，自始至終都富有戲劇性。

這一仗，雙方皇帝都御駕親征，可是北齊皇帝高緯卻帶了整個後宮同行，開戰時與寵妃並騎觀戰，北齊軍稍有不利，馮淑妃就害怕地喊：「敗了！敗了！」旁邊佞侍也附和：「皇上快走！」如此情形之下，北齊軍雖有優勢兵力，卻一路敗退。

北齊軍退到最重要的據點晉陽，高緯已經完全失去「御駕親征」的興頭，於是將大軍交給安德王高延宗，自己帶著寵妃、佞臣回到鄴都。

晉陽城內外十萬大軍逼高延宗「即帝位」，否則不願打仗（對落跑皇帝的抗議），高延宗不得已，即皇帝位，下詔將高緯來不及帶走的後宮美女及庫藏銀子分給將士，並且將近侍產業抄沒，也分給將士。高緯在鄴都聽說此事，對近臣表示：「我寧願讓北周得到并州，也不讓高延宗得到。」左右近臣附和：「當然。」

北周皇帝宇文邕到達晉陽，雙方展開大戰，到黃昏時分，宇文邕親自帶領的主力部隊攻破了晉陽城東門，衝入城中。但是高延宗卻帶兵由東門進入，形成對宇文邕的夾擊。北周入城部隊爭相逃出，宇文邕虧得勇將賀拔伏恩血戰護駕，僅以身免。

宇文邕僥倖逃生，就想班師，大將軍宇文忻以本文論述進諫，阻止皇帝退卻。於是整頓軍隊，二十四小時之後（之前一陣雙方殺到夜裡四更，隔一天發動拂曉攻擊），再從東門突破口攻入，俘虜高延宗。

歷久彌新說名句

戰場上生死無常，勝敗也隨時易勢，一員勇將很可能在鬼門關前回來後，變成怯懦之人。

南梁侯景之亂時，勤王軍大都督柳仲禮作戰總是身先士卒，接連打了幾場勝仗，阻止了侯景叛軍的攻勢。

有一天，柳仲禮徙營（遷移大營位置），一支部隊在大霧中迷路，受到侯景軍的攻擊，主將都陣亡。當時柳仲禮正在進食，丟下筷子、披上鎧甲，率領一百多騎前往救援，起初頗有斬獲，但是柳仲禮本人受傷，坐騎陷入泥淖，敵軍矛梢密集射來，幸被部將拚死救回，但已重傷瀕死。後來創傷雖癒，卻從此洩了氣，不敢再言戰。

名句可以這樣用

另一個成語「驚弓之鳥」正好形容敗將的心理狀態，只有EQ夠強的將領，才能「死中求生，敗中取勝」。

三十六策，走爲上策

名句的誕生

太子寶卷[1]使人上屋，望見征虜亭失火，謂敬則至，急裝[2]欲走。敬則聞之，喜曰：「檀公[3]三十六策，走為上策，計[4]汝父子唯有走耳！」蓋時人譏檀道濟避魏之語也。

～〈齊紀〉

完全讀懂名句

1. 寶卷：南齊明帝太子蕭寶卷，後來繼位又被廢。
2. 急裝：戎裝。
3. 檀公：檀道濟，南朝劉宋名將。
4. 計：計算，此處意指「想必」。

語譯：皇太子蕭寶卷派人在屋頂上瞭望，看到征虜亭失火（玄武湖畔，已近建康城），以為王敬則大兵到了，急忙換上戎裝準備逃難。王敬則聽說此事，高興地說：「檀道濟將軍有三十六策，最上策是逃跑，我料你們父子也只有逃跑一途。」「三十六策，走為上策」是當時人譏笑檀道濟的刻薄話。

名句的故事

南齊帝國由齊高帝蕭道成建立，傳到第四代，連續兩位曾孫被廢，奪位的是齊明帝蕭鸞（蕭道成侄兒），蕭鸞擔心自己的孫子年紀都太小，而蕭道成那一房有十人封王，都正值盛年，就下手誅殺十王，以鞏固自己子孫的帝祚。

蕭鸞同時也不放心蕭道成時代的老幹部，尤

雞拜年）。

其忌諱王敬則，表面上雖然禮遇，卻經常派出欽差「問候」王敬則的飲食與健康（黃鼠狼給雞拜年）。

蕭鸞生病，數次在鬼門關前徘徊，於是派張瓌為平東將軍，布署重兵在吳郡（今江蘇吳縣）。王敬則心想：「東方還有誰？不就是要『平』我嗎？東方豈是容易可以平定的，我絕不接受金罌（皇帝賜毒酒都裝在金罌裡）。」於是起兵造反。

王敬則起兵時有眾一萬多人，不久聚成為十萬之眾（蕭鸞暴政，人心思變）。但是在一、兩次挫敗之後，烏合之眾紛紛潰敗了，王敬則也被殺。可是蕭鸞的病也沒好，那一年就死了。太子蕭寶卷當兩年多皇帝，被軍事政變推翻，發動政變的是自己的弟弟蕭寶融。蕭寶融（齊和帝）也只在位一年，就被軍閥蕭衍篡位（南梁武帝）——為了鞏固子孫帝祚，殺同姓諸王，又逼反大將，最終是兄弟相殘，卻便宜了外人。

歷久彌新說名句

王敬則口中的檀公檀道濟是劉宋抵抗北魏的第一大將，戰守靈活，絕非怯懦之輩，但卻因為一批「用嘴巴北伐」的文人總是找機會修理他，乃有「三十六策，走為上策」這種刻薄話出現。

王敬則用了此語，是因為處境相似：宋文帝劉義隆生病，擔心兒子罩不住檀道濟，召之入宮，以冤獄誅殺檀道濟（罪名莫須有），檀道濟臨刑之前說：「你這是自毀長城。」後情是：宋文帝病好了，又再當了十七年皇帝，每次北魏來犯，都不免懷念檀道濟——王敬則也是因齊明帝生病而受猜忌，但是他決定不步檀道濟的後塵。

名句可以這樣用

今日常用句是「三十六計，走為上計」，意思一樣。然而，通常「計」屬於戰術層面，「策」則可用於戰略，也可用於戰術。

遠水不救近火

名句的誕生

諸將[1]或欲南召賀拔勝[2]，或欲東告魏朝[3]，猶豫不決。都督盛樂杜朔周曰：「遠水不救近火，今日之事，非宇文夏州[4]無能濟[5]者，趙將軍[6]議是也。朔周請輕騎告哀，且迎之。」

～〈梁紀〉

完全讀懂名句

1. 諸將：北魏關中大行臺（西方軍事總司令）賀拔岳帳下諸將。當時賀拔岳遇刺，群龍無首。
2. 賀拔勝：賀拔岳之弟，北魏荊襄戰區司令。
3. 魏朝：北魏。
4. 宇文夏州：夏州刺史宇文泰，之前為賀拔岳的左右手。
5. 濟：渡河曰濟。此處意指「帶領大家度過眼前危機」。
6. 趙將軍：賀拔岳麾下將領趙貴，與杜朔周同樣位列都督。

語譯：（賀拔岳部隊）諸將領群龍無首，有人主張向南召來賀拔勝，有人主張向東投靠北魏朝廷，意見紛紛，猶豫不決。都督盛樂（陝西境內）人杜朔周說：「遠方的水來不及救眼前的火，當前的危機，只有夏州刺史宇文泰可以帶領我們度過，趙貴將軍的意見很正確，我自願輕騎前往夏州報哀訊，並且迎接宇文泰前來。」

名句的故事

北魏發生內亂，先是軍閥爾朱榮挾天子以令朝廷，北魏皇帝元恭設局殺了爾朱榮，爾朱部隊於是造反，攻進京師。之後，軍閥高歡「勤王」，盡滅爾朱族人，把持朝政，但是爾朱榮手下大將賀拔岳兄弟則雄踞西方，名義上仍屬北魏帝國，實質上則不受節制。

賀拔岳努力擴張自己的勢力範圍，欲聯合軍閥侯莫陳（複姓）悅討伐另一軍閥曹泥，卻被侯莫陳悅設局刺殺。於是有本文所述這一幕。

宇文泰的部將對杜朔周提出的「邀請」意見不一，最後宇文泰決定以最快速度前往接收部隊。（要就不接受，要接受就得快，遲則生變。）

果然，高歡派大將侯景去關中招撫賀拔岳的部隊，途中遇到宇文泰大軍，宇文泰詰問侯景：「你想要幹嘛？」侯景失色說：「我只是一枝箭，任憑他人所射。」當場轉向回洛陽。宇文泰於是接收賀拔岳大軍，與高歡東西兩雄對峙，後來北魏分裂成為東魏與西魏。

歷久彌新說名句

「遠水難救近火」最早也最傳神的典故出自《莊子》。

莊周去向監河侯借糧，監河侯說：「沒問題，等我收完邑內田租就借你三百金！」莊子不需要那麼多錢，但卻著急家中沒米下鍋，於是就說了一則寓言，諷刺監河侯：

我來此的路上，聽到有個聲音喊我，原來是馬路中的車轍裡有一條鮒魚，向我求斗升之水以維持活命。我說：「OK，沒問題。我這就去向吳國的君主請求，引西江之水來迎接你，好嗎？」那鮒魚說：「我已經命在旦夕，急著要斗升之水以活命，你卻講那麼遠的事情，乾脆去賣魚乾的舖子裡找我好了！」

名句可以這樣用

這一句今日常唸成「遠水救不了近火」，更口語化且更生動。

前事不忘，後事之師

名句的誕生

獨[1]不見蕭令君[2]乎？以精兵數千，破崔氏十萬眾，竟為群邪所陷，禍酷相尋[3]。前事之不忘，後事之師也。

～〈齊紀〉

完全讀懂名句

1. 獨：難道。
2. 蕭令君：南齊帝國尚書令蕭懿，以其官銜稱之為令君，猶如知府稱「府君」。
3. 禍酷：災難與酷刑。相尋：接連。

語譯：難道沒看到尚書令蕭懿的下場嗎？蕭懿以數千精兵平定崔慧景的十萬叛軍，卻被皇帝身邊的眾小人陷害，災難接連而至。對從前的事情不忘記，就是未來事情的老師啊（謹記蕭懿的教訓，提防皇帝周邊的小人）！

名句的故事

蕭懿效忠皇家，卻沒有好下場，他在臨死（吞毒藥自殺）之前，對皇帝（南齊帝蕭寶卷，被廢無謚號，史稱東昏侯）的使者說：「我的弟弟蕭衍擔任雍州刺史（駐襄陽，擁重兵），我深為朝廷擔憂。」

蕭懿死後，朝廷當然不放心蕭衍，可是中央卻沒有多少兵力可以討伐蕭衍，於是派輔國將軍劉山陽帶兵三千西上，聲稱是去四川上任，祕密任務則是調動南康王、荊州刺史（駐荊州）蕭寶融的軍隊偷襲襄陽。而蕭寶融的長史（執行官）蕭穎胄乃成為雙方爭取的對象。

蕭衍運用統戰技術，放出風聲：「劉山陽西上，同時想要偷襲荊州和雍州。」劉山陽走到江安（湖北公安），停留十八天不前進，蕭穎胄心生恐慌（蕭衍的心戰奏效），召幕僚商議對策，幕僚席闡文與柳忱都主張與蕭衍同一戰線。本文就是柳忱發言的重點，也是打動蕭穎胄的關鍵。

於是蕭穎胄殺了蕭衍派來的使者王天虎（！），將王天虎的首級送給劉山陽，宣稱要發兵攻打襄陽，將劉山陽誆到江津（江陵城外渡口），伏兵殺之，再將劉山陽的首級送給蕭衍，約定推蕭寶融為皇帝（後來政變成功成為南齊和帝），一同起兵發動軍事政變。

歷久彌新說名句

「前事之不忘，後事之師也」最早出自《史記‧秦始皇本紀》，司馬遷引用賈誼〈過秦論〉做為篇末評論，其中就提到：「故使天下之士，傾耳而聽、重足而立、拑口而不言，忠臣不敢諫，智士不敢謀……前事之不忘，後事之師也。」意思是：秦帝國的暴政使得士人只敢側頭而聽、交疊雙足站立、緊閉口風，忠臣不敢進言，智士不敢獻策，終於亡國。這種暴政亡國的教訓，應該成為後世主政者的戒鑑。

而柳忱的發言，在本文之前有一段形容當時朝廷（建康的中央政府）的情形，提到「京師貴人莫不重足累息」——交疊雙足、不敢出大氣，也就是引用了《史記》對暴政的形容，因而其結論也用「前事之不忘，後事之師也」，說服蕭穎胄「建康那個政權必亡」。

名句可以這樣用

「前事不忘，後事之師」通常指用過去的錯誤做為未來的借鏡，強調的是記取失敗教訓。用法上必須和「見賢思齊」、「高山仰止」等有效法他人的正面意思相區隔。

上馬能擊賊，下馬作露版

名句的誕生

永[1]有勇力，好學能文，魏主[2]常歎曰：「上馬能擊賊[3]，下馬作露版[4]，唯傅脩期[1]耳。」

～〈齊紀〉

完全讀懂名句

1. 永：傅永，字脩期。北魏將領。
2. 魏主：北魏孝文帝。
3. 賊：敵人。此處指南齊。
4. 露版：亦稱露布，告捷文書。後來演變成為公告周知的捷報，堪稱最早期的政戰看板。

語譯：傅永勇敢善戰，同時又有學問，文章好。魏孝文帝常常讚歎：「上馬能攻擊敵人，下馬能寫告捷文書的，只有傅脩期了！」

名句的故事

南北朝第二次大規模戰爭中的一次戰役，南齊軍隊計畫夜渡淮水，傅永研判對方會在渡河地點（水線處）以火光做訊號以引導軍隊，就派人在水深處埋伏，下令：「見到河邊出現火光，你們就點燃火堆。」結果，南齊軍溺死數千人。

之後，傅永又奉命抵抗南齊名將裴叔業，以伏兵擊敗裴軍。左右建議追擊，傅永說：「我們兵力較弱，對方軍隊精銳，只因中了我的埋伏，並非力屈而敗。如今對方不了解我方虛實，經此一敗，已足以令其喪膽（不敢再來），豈可追擊（暴露實力）？」

傅永智勇雙全，更因為這一役晉升將軍，封男爵。由於當年北軍胡人將領幾乎都是武人出身，所以仰慕漢文化的魏孝文帝有此感歎。

歷久彌新說名句

前述故事同一次大戰中的另一次戰役，魏孝文帝親自領軍包圍新野，久攻不下。這時，韓顯宗在附近戰場打了一場勝仗，當韓顯宗到新野大營令報時，孝文帝對他說：「你打了勝仗，對我軍聲勢大有助長。朕圍攻這座城子不下，你為何不做露布，以打擊守城軍隊的士氣？」韓顯宗答：「我看見鎮南將軍王肅連俘虜敵軍兩、三人，驢馬數匹也要寫露布，心中常常不以為然，所以只報告戰果，不做捷報看板。」可見當時打仗很流行做露布。

至於傅永的文筆有多好？有一次北魏鎮南將軍元英率軍攻打義陽（今河南境內），鏖戰好幾個月，終於攻下義陽。元英命大營司馬陸希道寫露版，陸希道寫完，元英嫌他寫得太冗長，就教傅永修改。傅永將原來文章中的形容詞都刪去，只鋪陳戰事經過。元英對傅永改過的文章深為讚歎說：「看了如此謀略，即使義陽如金城湯池般堅固，也守不住啊！」

也就是說，捷報看板的寫作要點是將戰爭過程敘述清楚，加入太多表功的形容詞只會讓讀者不能一氣呵成，反而減弱了宣傳的力道——這些不必要添加的形容詞就叫作「蛇足」，也就是畫蛇添足成語典故中的「非必要添加物」。

「露布」的意思是露在外面（不保密）的看板。五代時後唐莊宗打了勝仗，要幕僚劉守光寫露布，劉守光寫在大布條上，命人拉開展示，被當時人傳為笑話。

名句可以這樣用

現在常用的句子是「上馬殺賊，下馬草露布」，以形容文武雙全的將領，比原典用字更精準且有力。

乘長風破萬里浪

名句的誕生

南陽宗慤，家世儒素[1]，慤獨好武事，常言「願乘長風破萬里浪」。

～〈宋紀〉

完全讀懂名句

1. 素：布衣。儒素：讀書而不做官。宗慤的叔父宗少文有學術高名，因身處亂世而不出仕做官。宗少文曾經對宗慤說：「你即使不富貴，也可能給我們家族帶來災難。」因為叔叔看出這個侄兒肯定是功名中人，若富貴則有風險，即使不富貴，以宗慤的衝勁，也可能惹禍殃及族人。

語譯：南陽人宗慤出身儒素家族，家族子弟中只有他喜歡軍旅生涯，常常說「此生願望就是乘長風以破萬里浪」。

名句的故事

南朝宋文帝（史稱劉宋，以有別於趙氏南宋）時，林邑（今越南歸仁）國王范陽邁進貢簡陋，還經常入寇劫掠。宋文帝派交州（今越南河內）刺史檀和之帶兵討伐。宗慤請纓出征，文帝封他為振武將軍，檀和之派宗慤為先鋒。

宗慤連勝數陣，檀和之大軍近迫林邑都城。范陽邁傾全國之力抗戰，出動大象陣，象身披掛鎧甲，這個大象裝甲部隊浩浩蕩蕩「前後無際」。面對如此陣仗，宋國軍隊心生畏懼。

宗慤說：「我曾聽說外國有一種動物叫作獅

子，威風能鎮伏百獸。」於是依獅子模樣大量製造，推在陣前與象群對峙，前排大象驚慌回頭，象陣霎時奔逃，林邑軍大敗，首都被攻陷，國王逃走。

檀和之軍隊擄獲財寶無數，宗慤通通不取，回到家中，衣服與梳沐用品一如去時簡樸（不取利益、不求功名，沒有富貴，也沒有累及族人）。

歷久彌新說名句

宗慤的故事除了給我們「立志遠大」的啟發之外，更要緊的一點，是不可志大才疏。

宗慤有大志要揚威異域，可是他不是坐在那裡說大話，而是紮紮實實地研究了兵法，也讀了很多外國的見聞記載，否則不會知道「獅子可以驚走大象」。如果不是宗慤在軍中，檀和之的軍隊很可能要吃大象陣的苦頭。

立志遠大但是結局不佳的故事：

秦始皇暴政，人民心生怨恨。最早揭竿起義的陳勝，年輕時是一個佃農，在休息時對同伴說：「有朝一日富貴了，一定不會忘記你們。」同伴笑他做白日夢，他說：「燕雀安知鴻鵠之志哉！」

陳勝有鴻鵠之志（志在千里），可是他稱王之後，卻因為同鄉在他宮中講述他貧賤時的事蹟，下令殺了昔日同伴。最終，陳勝被秦軍擊敗身亡。

陳勝有大志，可是沒有實現大志的才識，而且一旦富貴就恥言貧賤時的事情，這兩項都比不上宗慤。

名句可以這樣用

飛機發明之後，「男兒志在千里」已經可以不限於「乘長風破萬里浪」。網路發明以後，更可以足不出戶「彈指間，縱橫萬里」。

即使如此，立志還是重要的：辛棄疾的詞「麒麟墜地思千里」是說英才立志都很早；梁啟超的賦「男兒志今天下事，但有進兮不有止」是說立志要遠大，且力行無休止。畢竟，徒有大志而不能力行，就是夸夸大言了。

天苟棄之，不患不亡

名句的誕生

彼[1]以赤心投命[2]於我，若之何害之！天苟棄之，不患不亡。不若保護其危以報德，徐俟其釁[3]而圖之，既不負宿心[4]，且可以義取天下。

～〈晉紀〉

完全讀懂名句

1. 彼：指苻堅。
2. 赤心：誠心。投命：以命相投。當時苻堅兵敗，投奔慕容垂軍營。
3. 釁：隙縫，意指有機可乘。
4. 宿：一貫、長久以來。宿心：指長期對苻堅的效忠。

語譯：（慕容垂對兒子慕容寶說）他一片誠心來投奔我，我怎麼可以加害於他？如果老天要放棄他，又哪怕他不亡。眼前不如先保護他的安危以報答他過去的恩德，慢慢等待有機可乘再做積極打算。這樣既不違背一貫的原則，還可以博得義氣的名聲，有利於爭天下。

名句的故事

苻堅在淝水之役大敗，自己更中了箭傷，八十多萬大軍一夕崩潰，只有慕容垂所屬三萬人維持部隊嚴整。苻堅只帶領一千多騎兵投奔慕容垂軍營，慕容寶鼓動老爹「時不可失，創大業在此一舉」。慕容垂以前述語言回答，決定庇護苻堅。慕容垂的弟弟慕容德力爭：「當年秦國強而吞併燕國，現在是報仇雪恥，不是違背原則。」慕容垂說：「即使氐人的氣運已窮盡（苻堅是氐族），我也會致力經營關東（函谷關以東），不會圖謀關西。」其他鮮卑將領多半建議殺苻堅，但是慕容垂都不接受，並且以所屬兵力交付苻堅，苻堅一路收集離散軍隊，到洛陽時已有十萬人。

慕容垂對慕容寶說的是大義、原則，對慕容德說的是現實面。實際情況是：前秦帝國仍強大，殺了苻堅，必定成為苻丕（苻堅之子）的頭號敵人，燕國復國之路將加倍艱辛。不如支持苻堅，苻堅感激並更加信任，將使得慕容垂更能放手經營關東。

後來的發展證明慕容垂的英明：苻堅回到長安之後，為了羌族姚萇與甘肅諸軍閥的叛變疲於奔命，後來喪命於姚萇之手。而慕容垂趁機建立後燕，領有河北、山西一大片勢力範圍。

歷久彌新說名句

楚漢相爭，項羽在滎陽一再擊敗劉邦，劉邦轉進成皋，再被擊潰，身邊已經沒有部隊追隨，於是一路往趙王（劉邦所封，主力為韓信部隊）領地逃奔。某日清晨，劉邦快馬馳入趙軍營區，趙王張耳與韓信尚未起床，劉邦就從他倆寢帳奪取印符，召集軍隊納入自己指揮，聲勢重振。

劉邦對韓信有知遇之恩，因此劉邦一直「吃定」韓信，前述奪取兵權只是第一次，後來又將他由齊王調楚王（調離根據地），之後又無預警「接收」楚王兵符，貶韓信為淮陰侯。而韓信仍一本「宿心」，感念劉邦知遇之恩，直到被呂后騙進未央宮殺害。

對比之下，苻堅與慕容垂之間的君臣關係，較諸劉邦對待韓信，前者「講義氣」多了。

名句可以這樣用

「天苟棄之，不患不亡」係針對帝王或國家的氣運。如果不是針對帝王，則沒有「天命」的問題，常用的成語是「聽其自斃」——等他自己敗亡。如果敗亡的原因是貪腐，也常用「物必自腐而後蟲生」。

攻則不足，守則有餘

名句的誕生

溫[1]謂諸將曰：「以吾之眾，攻則不足，守則有餘。驃騎[2]、撫軍[3]首尾連兵，會須滅賊[4]，但應聚糧厲兵以俟時耳。」

～〈晉紀〉

完全讀懂名句

1. 溫：慕容溫，後燕樂浪王。
2. 驃騎：後燕驃騎大將軍慕容農。
3. 撫軍：後燕撫軍大將軍慕容麟。
4. 賊：指反叛後燕的丁零部隊，首領為翟真。

語譯：慕容溫對手下諸將說：「以我們的人馬實力，用來進攻則不足，以之防守則有餘。我們和驃騎大將軍、撫軍大將軍的部隊首尾相應，分兵合擊，務必殲滅叛賊，眼前的首要之務是聚集糧秣、訓練士兵，以等待時機。」

名句的故事

後燕主慕容垂大軍圍攻前秦鄴城，久攻不下，決定回到根據地冀州整補，於是命令慕容麟屯駐信都、慕容溫屯駐中山（圍攻鄴城的第二線部隊），由慕容農負責攻鄴。遠近聞之，以為後燕已經不振，於是盟軍心生歸意，而叛軍士氣大振。

慕容溫原本和慕容農聯軍夾擊翟真丁零軍，慕容農一走，慕容溫的四周諸城全被丁零占據。因此慕容溫訂下「攻則不足，守則有餘」的戰略方針，在防區內獎勵農桑生產、召募壯丁，在戰亂經年的河北地區經營出一小片樂土，於是人民歸附，郡縣爭送軍糧，倉庫充溢。

翟真見慕容溫只守不攻，以為力弱，發動夜襲，被慕容溫痛擊，從此不敢進犯。慕容溫不但堅守防區，還有多餘的兵力與糧秣可以支援慕容垂。

歷久彌新說名句

這一名句剛好和《孫子兵法》中的名句「守則不足，攻則有餘」相反，但是兩者意思並不矛盾。

《孫子兵法》的意思是：善戰者先為不可勝，以待敵之可勝。所謂「不可勝」就是守，讓敵人無法取勝於我；所謂「可勝」就是敵人露出破綻，我有致勝之機。因此，「不可勝者，守也；可勝者，攻也；守則不足，攻則有餘」，也就是「力不足則守，力有餘則攻」。

《孫子兵法》講的是原則，慕容溫此處則是現況描述，兩者都是「力不足則守」的意思。

南北朝北魏（鮮卑族）太武帝拓跋燾率輕騎兵三萬奔襲胡夏（匈奴族）首都統萬城。群臣勸諫：「統萬城非常堅固，不是旦夕可以攻下來的，不如等待步兵、攻城部隊集結之後，一同併進。」拓跋燾說：「攻城其實是下策，不得已才採取攻城。如果大軍俱進，對方堅守頑抗，反而陷入持久戰。不如輕騎兵直抵城下，對方見沒有攻城部隊，戒心會鬆弛。然後我詐敗示弱以引誘他出城，予以痛擊。這叫作『攻城則不足，決戰則有餘』。」

名句可以這樣用

正如兵法應當靈活運用，不可拘泥成法。本句及「守則不足，攻則有餘」、「攻城則不足，決戰則有餘」都是視情況運用。因此，「××則不足，××則有餘」的模式就可以靈活運用，而且顯得邏輯清晰、條理分明。例如：「退休金金額尚稱豐裕，但以之創業則不足，謹慎理財則有餘」。

將欲取之，必固與之

名句的誕生

故卷甲韜戈[1]，啗[2]以金帛，彼既得所欲，理當自退，志意[3]驕惰，不復設備[4]，然後養威伺釁[5]，一舉可滅也。將欲取之，必固[6]與之，此之謂矣。

～〈唐紀〉

完全讀懂名句

1. 韜：劍鞘、弓囊都稱「韜」。戈：泛指兵器。韜戈：將兵器收藏起來。由本意延伸，韜亦作「隱藏」解，如「韜光養晦」。
2. 啗：音ㄉㄢˋ，同「啖」，吃；餵食。
3. 志：志向。意：目標。志意：企圖心。
4. 設備：「設」為動詞，從事防備，不是名詞「設備」。
5. 伺釁：等候開戰良機。
6. 固：事先、已經。

語譯：所以收起兵器，以黃金布帛供應他（突厥），他既然得到了想要的東西，自然就會退回草原，心驕意惰，而疏於防備。然後我們爭取到時間，養精蓄銳伺機發動攻擊，可以一舉將突厥消滅。（古人說）想要奪取他，必須先給他，就是這個意思。

名句的故事

這段話之前，是歷史上精采的一幕：

突厥攻進大唐帝國的心臟，頡利可汗的大帳已經紮在渭水北岸，也就是長安城外。如此存亡危急之刻，唐太宗親自騎馬出玄武門；隨行只有高士廉、房玄齡等六人，直接騎到渭水南岸，與頡利可汗隔著渭水對話，理直氣壯地指責突厥違背盟約。過一會兒，唐軍各路兵馬陸續抵達，旗幟鎧甲遍野，突厥人心生畏懼。唐太宗下令諸軍退後布陣，自己單獨留在前線，和頡利可汗對談。

之前，左僕射（宰相職）蕭瑀擔心皇帝人身安全，跪在馬前勸諫，態度堅持（不要太宗涉險），太宗對他說：「我已經有所安排。若要開戰，一定勝利；若要和談，一定安全。制服突厥就在此一舉。你等著瞧吧！」

頡利被李世民的氣魄震懾，當天就請求和談。兩天後，雙方斬白馬誓約，突厥退兵。

蕭瑀在和約簽署之後，再向皇帝請教，當時為何要孤身涉險？唐太宗回答他說：「突厥人馬雖多，但軍容不整，各部落都只想劫掠一票回去，各懷異志，其實不堪一擊。我已經安排李靖、長孫無忌在他後方設伏兵，真要開戰的話，也一定能取勝。實在是考慮國家建立不久，內部情勢尚未完全安定，老百姓也稱不上富足，一旦開戰，耗費一定很大，所以寧願與他和談。（下接本篇名句）」

歷久彌新說名句

春秋末期，晉國六大家族內戰，智氏滅了范氏、中行氏，又向韓趙魏三家索求土地。魏桓子不想割地，家臣任章向他分析：「將欲敗之，必姑輔（助）之；將欲取之，必姑與之。」主君應該割地以驕其志，而不是強硬對抗而招致攻擊。魏桓子於是答應智伯的要求，後來韓趙魏三家聯手滅了智氏。

名句可以這樣用

本句最早出自《老子》：「將欲奪之，必固與之。」「固」是「已經」給他的意思。任章說的「必姑與之」，是「姑且」給他（將來再取回）的意思。兩者語氣稍有不同，但意思相同。唐太宗的意思也一樣。

毒蛇螫手，壯士解腕

名句的誕生

毒蛇螫[1]手，壯士解[2]腕，所全者大故也。彼先得志，悔無所及。

～〈隋紀〉

完全讀懂名句

1. 螫：讀音ㄕˋ，語音ㄓㄜ，蟲蛇叮咬。
2. 解：切開。用法同「庖丁解牛」。

語譯：被毒蛇咬到手，勇敢的人會毅然將手腕切除，為的是捨小救大、保全性命。如果被翟讓方面先得手，屆時後悔也來不及了。

名句的故事

隋末天下大亂，群雄並起，其中最強的一支是瓦崗。瓦崗人馬起先是由翟讓領導，徐世勣、單雄信是手下最重要的謀臣、勇將。之後李密看準翟讓在群雄中最強，就加入瓦崗陣營，李密雄才大略超過翟讓，並且周遊各地起義軍，遊說英雄豪傑加入瓦崗陣營——這幾乎就是《水滸傳》宋江上梁山的模式。

隋煬帝因兵變被殺，各路起義軍更加猖獗。李密建議翟讓「襲取東都（洛陽）號令天下，占領洛口倉賑濟災民，天下可指麾而定」，這是政治號召加擴大兵源的大戰略。翟讓自知才能不如李密，於是推舉李密為「魏公」，設壇場，即位，建元（永平元年），大赦。自此，李密成為老大，翟讓老二。

不過，李密的大戰略只達成一半：奪下洛口倉，吸引了百萬流民，聲勢大振；但是次取洛陽卻受阻於王世充。

軍事受阻，烏合之眾就容易發生內部矛盾。翟讓的手下對翟讓說：「天子你應該自己當，為何拱手送人？你不幹（發動兵變），我幹。」翟讓聽了大笑，沒理會，但也沒處置。李密聽到這事，心裡卻起了疙瘩。後來手下人之間起摩擦，翟讓護短，杖責李密部下，並且揚言「魏公還不是我立的嗎」！於是李密的左司馬鄭頲建議李密先下手為強，李密猶豫，鄭頲乃以「毒蛇螫手，壯士解腕」說服李密。於是擺下酒席，埋伏殺手，殺了翟讓與親信，同時由徐世勣、單雄信、王伯當接管翟讓人馬，穩住大局。

歷久彌新說名句

南北朝時，北魏孝莊帝元子攸受制於天柱大將軍爾朱榮（類似幕府大將軍），雙方相互猜疑，卻又必須合作以對付政敵（北魏當時王室內鬨）。

爾朱榮的小女兒嫁給孝莊帝的侄兒陳留王元寬，曾經指著元寬說：「我終將得到這個女婿的幫助。」且正因為孝莊帝皇后無子，因而擔心爾朱榮會擁立陳留王。有一天夜裡，孝莊帝作夢「自殘」——自己持刀割落十個指頭，醒來心裡很不舒服，對兄弟城陽王元徽述說夢境。元徽說：「蝮蛇（極毒）螫手，壯士解腕。割指近似解腕，代表要去除毒物，此乃吉祥之兆。」

有了「天意」的鼓舞，孝莊帝發動暗殺，藉宴會殺了爾朱榮——以上都與李密故事相似，但結果不同，爾朱榮的義子爾朱兆推舉長廣王元曄即皇帝位，稱兵造反，攻進洛陽。

名句可以這樣用

「壯士斷腕」用於形容毅然決斷，但與本句之用法有所區隔；「斷尾求生」意思接近，但是少了那分豪氣，一副可憐相。

上不上，下不下

名句的誕生

既恥且怒，必任智士畫長策[1]，仗[2]猛將練精兵，畢力[3]再舉涉河[4]，鑑前之敗，必不越魏[5]而伐趙[6]，校[7]罪輕重，必不先趙而後魏，是上不上，下不下[8]，當[9]魏而來也。

～〈唐紀〉

完全讀懂名句

1. 長策：精密的戰略。
2. 仗：仰仗。
3. 畢力：傾全力。
4. 涉河：渡過黃河。
5. 魏：魏博節度使，鎮魏州（今河北大名，大約是古代魏國之地）。
6. 趙：成德節度使，鎮恆州（今河北正定，大約是古代趙國之地）。
7. 校：計較。
8. 上不上，下不下：北為上、南為下，不南不北，恰恰正中。
9. 當：正朝著。

語譯：惱羞一定成怒，必定任用謀略之士擬具精密的作戰計畫，任用猛將與訓練精良之部隊，傾全力再次動員大軍渡過黃河。由於對前次戰敗做過了檢討，一定不會繞過魏博，先攻成德、後攻魏博。肯定是不向北也不向南，正朝著魏博而來。

名句的故事

唐朝中央政府最傷腦筋的「河北三鎮」——

成德、魏博、盧龍（鎮幽州，今北京，古燕國之地），歷經四十多年都是父死子繼，形同割據。唐憲宗時，成德節度使王士真病故，兒子王承宗請求接任，而盧龍節度使劉濟與魏博節度使田季安都臥病在床，唐憲宗想要乘此機會收回一些權力（例如分割出一部分地盤，另成立一個節度使，由朝廷任命），結果田季安唆使王承宗偷襲並生擒朝廷任命的保信節度使薛昌朝。憲宗為之震怒，派宦官吐突承璀率領神策軍（禁衛軍）討伐成德。

田季安召開軍事會議商討對策，有一位將領慷慨激昂地請求出戰，田季安因而決定出兵對抗中央軍。

盧龍派來的使節譚忠見魏博鷹派得勢，私下對田季安說：「皇帝派宦官領禁軍出征，是皇帝要向群臣炫耀自己天縱神武，如果大軍在魏博境內受挫敗，……（下接本篇名句）。豈不是惹禍上身？」田季安感謝譚忠的提醒。

歷久彌新說名句

譚忠遊說田季安與劉濟，將成德、魏博、盧龍以「趙、魏、燕」為代號，中央軍（自長安出發）以「秦軍」為代號，地理位置的借喻貼切，而他的說理模式又非常近似戰國時的遊說之士口吻。如果不是在《通鑑・唐紀》上看到，抽離出來單獨看，還真會誤以為是《戰國策》的故事——事實上，譚忠也發揮了等同戰國縱橫家的說服力。

名句可以這樣用

本句另有兩種用法：一是「心情不安」，接近「七上八下」的用法，例如「心事橫在那裡，總覺得上不上、下不下的」；二是「進退兩難的處境」，例如「股市盤局上不上、下不下，教人買也不是，賣也不是」。

克敵之要，在乎將得其人；馭將之方，在乎操得其柄

名句的誕生

克敵之要，在乎將得其人；馭[1]將之方，在乎操[2]得其柄[3]。將非其人者，兵雖眾不足恃；操失其柄者，將雖材不為用[4]。

～〈唐紀〉

完全讀懂名句

1. 馭：駕馭，以馬喻人。
2. 操：掌握，用法同「操控」。
3. 柄：韓非子所說「二柄」，也就是賞與罰。
4. 不為用：不聽指揮。

語譯：克敵制勝最重要的是將領用對人，駕馭將領的方法則在掌握賞罰的權柄。將領用不對人的話，兵眾再多也不可靠；不能掌握賞罰的權柄，則將領雖有才能卻不聽指揮。

名句的故事

唐德宗時，藩鎮連兵挑戰中央政府，朝廷無力對抗。德宗重用陸贄，陸贄上書對時局提出建議，內容涵蓋軍事、經濟、民政，但是德宗只有「嘉許」，卻不採納陸贄的建言。

在此之前，先發生「四鎮之亂」，起因是成德節度使李寶臣死，其子李惟岳要求朝廷派他為節度使。可是唐德宗李適一心想要重振朝廷威望，不許藩鎮自立。於是李惟岳聯合淄青節度使李正己、魏博節度使田悅（田承嗣之姪）、山南東道節度使梁崇義起兵造反，唐中央政府則派出馬燧、李晟，並調動淮寧節度使

李希烈前往討伐。其結果是：梁崇義被李希烈擊敗、身死，其他三鎮則請和，卻都由兒子繼任老子的地盤。

在此之後，又發生「五鎮聯兵」，這一次更囂張，朱滔、田悅、王武俊、李納、李希烈五人都稱王，最後也是「姑息」解決。

陸贄本文所言，其實是針對朱滔、王武俊、李希烈三人。這三人原本都是奉朝廷之命征討叛逆的方鎮，可是在取得勝利之後，反而比之前的叛逆方鎮更囂張難制。也就是「操失其柄，將雖材不為用」。

歷久彌新說名句

歷史上「馭將」最有術的，當推漢高祖劉邦「吃定」韓信。

韓信自詡「將兵多多益善」，但是仍推崇劉邦有「將將」之才。劉邦曾經兩度「奪韓信兵權」，兩度「奪韓信封地」，最後將韓信斬首，韓信也只能嘆息「狡兔死，走狗烹；高鳥盡，良弓藏」，卻從未興起造反的念頭。

關鍵就在劉邦掌握了「賞罰之柄」。前述「奪兵權、奪封地」是罰，而且罰得很嚴厲；至於賞，則賞得很爽快、大方。一次是劉邦在漢中拜大將，經過蕭何力薦，韓信由治粟都尉（後勤中級軍官）一躍而為大將；一次是韓信攻得齊地（山東），請求劉邦封他一個「假王」，劉邦在陳平暗示之下，「訓斥」韓信的使者：「大丈夫要當就當真王，當什麼假王？」當場封韓信為齊王——這是馭將之術的經典範例。

名句可以這樣用

《孫子兵法》開宗明義就點出：研判勝敗就看「七計」，其中第一項是「主孰有道」，第二項是「將孰有能」，第七項是「賞罰孰明」。陸贄的建言其實不脫《孫子兵法》的原則。

存亡之機，間不容髮

名句的誕生

今嫌隙已成[1]，一旦禍機竊發[2]，豈惟府朝[3]塗地[4]，乃實社稷之憂；莫若勸王行周公之事[5]以安家國。存亡之機[6]，間不容髮，正在今日！

～〈唐紀〉

完全讀懂名句

1. 成：用法同「成見」之成。嫌隙已成：雙方結怨已深，無法化解。
2. 竊發：偷襲。
3. 府朝：秦王（李世民）府團隊。
4. 塗地：（血流）滿地。用法如「肝腦塗地」。
5. 行周公之事：周公輔佐成王，誅殺管叔、蔡叔兩位弟弟。
6. 機：以織布機為喻，一言其快速如梭，一言其間不容髮。

語譯：如今雙方（李世民與兄弟之間）結怨已深，一旦對方先動手偷襲，不但秦王府將血流滿地，並且將造成國家的不安；不如勸秦王效法周公誅殺管蔡，以安定國家與皇室。生死之間已容不得一根頭髮，行動就在今天了！

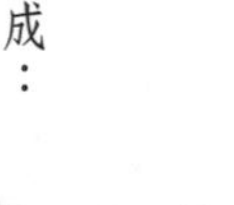

名句的故事

這是歷史上有名的「玄武門兵變」之前的一幕。唐高祖李淵的太子李建成與三子齊王李元吉忌諱李世民功勞太大，深怕李淵會廢太子，立李世民為太子，於是密謀先下手為強，除去李世民。

秦王府的僚屬既憂且懼，房玄齡於是對長孫無忌說了本文這一番話。長孫無忌是李世民的小舅子，他才敢對姊夫說這種大逆不道的話，但是李世民遲疑不決。

之後，李建成與李元吉利誘尉遲恭（不成功，派殺手行刺也不成）、排擠程知節（程咬金）、陷害房玄齡與杜如晦，秦王府團隊只剩下長孫無忌還留在府中。亦即李建成與李元吉翦除李世民的羽翼已經成功，下一步就要加害李世民了。

於是李世民先下手為強，發動玄武門兵變，除去李建成與李元吉。老爸李淵見李世民形勢已成，宣布退位稱「太上皇」，李世民登基成為唐太宗。

玄武門兵變是唐太宗人生的一個瑕疵，而兄弟相殘的實情究竟為何，後人其實無由得知，因為勝利者掌握了修史權——史書怎麼記載，後人只能採信。

歷久彌新說名句

南北朝北魏孝莊帝元子攸是個傀儡皇帝，大權在天柱大將軍爾朱榮與太宰元天穆手中。爾朱榮的氣燄愈來愈高，孝莊帝還不敢怎樣，可是皇室成員之一的城陽王元徽卻說：「即使爾朱榮不造反，如此跋扈的言行又豈可忍耐？何況難保他不篡位。」

孝莊帝被城陽王說得心意動搖了，決定除去爾朱榮，可是元天穆仍統兵在外，令他有所顧忌。終於等到一個機會（偽稱生太子），爾朱榮和元天穆一同進宮，孝莊帝在膝下預藏利刃，親手格殺爾朱榮。事後孝莊帝說：「過了今天，就沒機會了。」

名句可以這樣用

本句另一種用法是「投機之會，間不容髮」，也是用織布機「投梭」為喻，取意機會「一閃即逝」，而且時機緊迫「間不容髮」。

機不可失，時不再來

名句的誕生

陛下[1]屢敕臣[2]承奉契丹，勿自起釁端。其如[3]天道人心難以違拒，機不可失，時不再來。諸節度使沒於虜[4]廷者，皆延頸企踵[5]以待王師，良可哀閔[6]。願早決計。

～〈後晉紀〉

完全讀懂名句

1. 陛下：後晉高祖石敬塘。
2. 臣：後晉成德節度使安重榮。
3. 其如：然而、但是。
4. 虜：遼，契丹族。當時有四位節度使在遼國，有些是主動歸順，有些是不得已投降。

5. 延：伸長。企：踮起。延頸企踵：伸長頸子、踮起腳跟，形容渴切盼望的樣子。
6. 閔：同「憫」。

語譯：陛下一再訓示我要尊重契丹（遼已建國，但中國仍稱其族名），不可主動挑釁（以免予對方出兵口實）。然而，天道人心難以違抗，機會不可錯失，時間不會倒流。幾位身陷遼都的節度使都伸長脖子、踮起腳跟期待祖國的軍隊，他們的心情實在值得同情。希望陛下早做決定（出兵攻遼）。

名句的故事

石敬塘向遼國稱臣、稱「兒皇帝」，以換取北方邊境和平。可是大漢沙文主義即使在國勢衰微之時仍然不減，對於向「胡、夷、虜、狄」稱臣引為大恥。

安重榮就是典型，他的地盤在今日河北省正定縣一帶，遼國使者要去後晉首都大梁（河南開封），必定經過他的轄區。安重榮往往謾罵遼國使者，而石敬塘每次都為此向遼國謝罪。這一次，安重榮又扣押了遼國使者，並且派軍隊侵入幽州南部（石敬塘割燕雲十六州給遼國），趾高氣揚，自認為代表「天道人心」，更逼皇帝表態，要求下令北征。

石敬塘以詔書向安重榮開示：「你身為大臣，家有老母，怎麼不能為國、為家體念時艱？居然妄想以一個藩鎮的兵力去對抗強大的敵國！你仔細考慮考慮，不要做出將來會後悔的決定。」但是這份詔書反而讓安重榮更加驕狂，與山南東道節度使安從進聯合，先後稱兵造反，但是雙雙失敗身亡。

歷久彌新說名句

《三國演義》曹操打敗張魯、取得漢中，司馬懿進言：「劉備以詐術滅了劉璋，蜀地人心未服。如今主公得了漢中，可以乘勝進軍成都。『智者貴於乘時，時不可失也』。」曹操對司馬懿說：「人若不知足，既得隴，復望蜀耶（漢中地當隴西入蜀門戶）？」於是按兵不動，讓士卒休養，靜觀西川變化。諸葛亮趕緊派人遊說孫權，出兵攻打合淝（今安徽合肥），曹操乃率大軍趕往救援，解除了西川的壓力。

石敬塘是自度力量不足以對抗遼國，曹操則是曉得東方還有強敵孫權，不可久用兵於西方。兩位國家領導人都有掌控全局的「高度」，所以見解超過將領。而兩個故事其實都是「機不可失」的反面詮釋。

名句可以這樣用

「機不可失」的意思大家都清楚，「時不再來」則有另一層面的詮釋：陶淵明詩：「盛年不重來，一日難再晨。及時當自勉，歲月不待人。」是把握時間、不浪費青春的意思。

事成於果決而敗於猶豫

名句的誕生

夫事成於果決而敗於猶豫，安有上將[1]與叛卒入賊城[2]，而他日得保無恙乎！大梁[3]，天下之要會[4]也，願假三百騎先往取之；若幸而得之，公宜引大軍亟進，如此始可自全。

～〈後唐紀〉

完全讀懂名句

1. 上將：大將軍，指後唐討伐鄴都（今河北大名）叛軍統帥李嗣源。
2. 賊城：鄴都當時被叛軍占據。
3. 大梁：後梁舊都城，今河南開封。
4. 要會：大梁控扼黃河、汴水，是南北舟車輻湊之地。

語譯：事情因果決而成功，因猶豫而失敗，哪有大將軍和叛軍一同進入賊城（李嗣源被叛兵脅持加入鄴城叛軍），而日後仍保住腦袋的？大梁是掌握天下的要衝，我願領騎兵三百先去攻取大梁；如果運氣好讓我拿下，大人就應該帶領大軍火速趕往，如此才是自保之道。

名句的故事

鄴都是天雄節度使的總部所在。天雄軍發生兵變，兵變領袖皇甫暉劫持指揮使楊仁晸要他帶頭叛變，楊仁晸拒絕、被殺；另一位指揮使趙在禮連腰帶都來不及繫上，就被脅迫當了叛軍領袖，並進入鄴都、占領宮城。

後唐莊宗派出好幾撥人馬討伐鄴都之亂，卻連番失利，叛軍聲勢日益高漲。莊宗不得已，派出原本不放心讓他掌軍權的李嗣源，帶領中央禁衛軍出征。孰料禁衛軍卻陣前兵變，脅迫李嗣源進入鄴都，並推他為叛軍領袖。李嗣源以「招募散兵」為理由，自鄴都脫身，想要回京師洛陽表白，卻遭之前討伐叛軍失利的司令官李紹榮從中做梗，李嗣源進退不得，奏章也無法上達。

在這種情況之下，李嗣源的女婿石敬塘向岳父做了本文的進言，主張攻取大梁做為根據地。李嗣源採納意見，搶先一步攻下大梁，自此局勢逆轉。李嗣源也由變兵俘虜、流亡敗將，變成雄霸一方，最後當上了皇帝（後唐明宗）。

歷久彌新說名句

唐太宗李世民在登基之前，遭受老哥太子李建成和弟弟李元吉的排擠。有一次，太子夜召世民喝酒，卻在酒中下毒，李世民回到秦王府，「吐血數升」。

老爸唐高宗李淵知道這事情，卻無能處理，只對太子說：「以後不可以晚上請喝酒。」同時安撫李世民：「你到洛陽去，陝西以東都歸你管，並且准你『建天子旌旗』。」

李建成和李元吉明白，若真讓李世民掌理東方半壁江山，天下遲早落入李世民之手，於是加緊遊說李淵，取消了這道命令。

形勢對李世民愈來愈不利，房玄齡與長孫無忌商量：「存亡之機，間不容髮，正在今日！」李世民考慮再三，決定發動「玄武門兵變」，殺建成、元吉。李淵下詔封自己為「太上皇」，傳位給李世民。

李世民和李嗣源當時的處境一樣，稍有猶豫，機會就從指縫中溜過了。

名句可以這樣用

成王敗寇往往就在一念之間，這中間的分別就是「果決還是猶豫」。此外，「成於……，敗於……」句型很好用，且因為倒裝句而顯得有力。若用正面敘述，就是「因……而成功，因……而失敗」。

霸國無貧主，強將無弱兵

名句的誕生

霸國無貧主，強將無弱兵。伏願大王[1]崇德愛人，去奢省役，設險固境，訓兵務農。定亂者選武臣，制理者選文吏，錢穀有句[2]，刑法有律[3]。誅賞由我[4]，則下無威福之弊；近密[5]多正，則人無譖謗[6]之憂。

～〈唐紀〉

完全讀懂名句

1. 大王：晉王李克用。
2. 句：同「鉤」，規。錢穀有句：向農民徵收賦稅照規定來。
3. 刑法有律：判刑照法律來。
4. 我：君王自己。
5. 近密：親近、親密的臣子。
6. 譖：抱怨。謗：不實指控。

語譯：一個稱霸的國家，君主不會貧窮；一位強將的手下，不會有衰弱的軍隊。懇切期望大王能崇尚道德、愛護人民，革除奢侈、減免差役，在險要地點設防以鞏固邊境，訓練軍隊、獎勵生產。物色武官以平定亂事，遴選文官以治理民政，課稅照規定來，官司照法律判。誅殺、賞賜都由大王親自下令，下面的人就不會作威作福；親信的臣子都是正直之士，其他官員就不會受到讒言陷害。

名句的故事

唐帝國滅亡前夕，各路藩鎮割據之勢已成，小軍閥也被大軍閥吞併，南方軍閥成為後來

「十國」的前身，北方軍閥則相互征伐成為後來「五代」輪替的本源。

相鬥最凶、最久的兩個大軍閥，就是梁王朱溫（朱全忠，後來篡唐建立「後梁」）和晉王李克用（沙陀人，兒子李存勗滅後梁，建立「後唐」）。

李克用在一次軍事失利之後，向幕僚徵求富國強兵之道，掌書記（參贊機要的文書官）李襲吉提出：「國富不在倉儲（國君儲糧不如藏富於民），兵強不由眾寡（人心歸附才重要），苛政猛於虎，制度改革不如培育人才。」本文則是他的第二道建言。

歷久彌新說名句

戰國秦孝公用商鞅變法。第一次晉見時，商鞅大談「帝道」，孝公聽到打瞌睡，大罵引薦商鞅的寵臣景監；五天後，二度晉見，商鞅大談「王道」，孝公仍然聽不進去；第三次晉見，商鞅改談「霸道」，孝公大感興趣。之後一連會談數次，有時一談數日而不厭倦，終於賦予商鞅全權，推動變法——商鞅行的正是富國強兵之道。

李克用徵求的也是「霸道」，李襲吉非常明白主子的心意，可是李襲吉本人是漢武帝獨尊儒術以來，受一千年主流思想影響下的儒家知識分子，所以講出來的卻是「王道」。

歷史事實證明李克用並未採納李襲吉的獻策，但是《通鑑》卻鄭重其事記載這兩篇建言，就因為司馬光為了反對王安石變法，特別借李襲吉之口強調「變法不若養人（引用君子）」。

名句可以這樣用

章回小說中常見「強將手下無弱兵」一句，已經演變成江湖上的奉承話，或說書人的順口溜了。

資治通鑑續編

治國愛民

省官不如省事

名句的誕生

往者州唯置綱紀[1]，郡置守、丞[2]，縣置令[3]而已。其餘具僚則長官自辟[4]，受詔赴任，每州不過數十。今則不然，大小之官悉由吏部，纖介[5]之跡[6]皆屬考功[7]。省官不如省事，官事不省而望從容，其可得乎！

～〈隋紀〉

完全讀懂名句

1. 綱：拉住網子的粗繩。綱紀：意指主要官員，如刺史、長史、司馬等。用法如：整肅綱紀就是管好主管級官員，吏治自然就好。
2. 守：郡太守。丞：郡丞就是郡長的副手。
3. 令：縣令。
4. 具僚：幕僚、吏佐。長官：地方首長（刺史、太守、縣令）。辟：聘用。
5. 纖：細微。介：同「芥」，芥菜子。纖介：形容其小。
6. 跡：事跡、行為。
7. 考功：吏部考功侍郎負責全國官吏之考績。

語譯：從前朝廷對州政府只任命重要官員，對郡政府只任命正副首長，縣政府只任命縣令而已。其餘地方政府的幕僚吏佐都由首長自聘，大致上每一州只有數十人是中央任命的。如今卻不同了，大小官員都由吏部發布人事命令，所有官員的大小事情都由考功侍郎列管考核。想要精簡人事員額沒有比精簡政府業務更好的方法了，政府的事情不能減，而期待從容辦公，哪有可能呢？

名句的故事

隋煬帝命吏部尚書牛弘擬訂新的律法，稱為「大業律」（大業是煬帝年號），法條較寬，人民很歡迎。但是不久之後，由於隋煬帝好大喜功，開運河、征高麗，官吏為了配合皇帝要求，漸漸不再依法律行政。

牛弘有一次問他（修法）的屬下劉炫：「以前的政府，官多而吏少，現在則官吏數目百倍於古代，但是如果精簡人事，就忙不過來，為什麼？」

劉炫回答：「古時候任命官員，要求他交出成績，只有在年終做一考核，每一件事都不再做二度審理。現在則不然，往往從萬里之外追查百年舊案（強調其久遠），於是有『老公務員抱著檔案而死』的說法。事務繁忙、施政弊病百出，就是這個緣故。」

牛弘再問：「以往官員都能從容辦公，如今卻沒有空閒時間，是什麼緣故？」劉炫回答如本文：因為朝廷管得太細了。

歷久彌新說名句

大政府（政府有為，每件事都為人民安排周到）與小政府（政府管愈少愈好）孰優、孰劣？一直是有爭議的。

實際的情形是：社會愈來愈多元化，政府做為管理機關，業務自然就一直增加。同時由於「人性本惡」，為了防弊，就必須抓緊官員的考核與監察。今天如果照劉炫所說去做，可想而知的結果是弊案會大增。

名句可以這樣用

政府精簡措施不易成功，因為是「吃公家飯」——往往為了組織減肥，還沒開始，就先增加了一個研究如何減肥的新單位，變成「愈減愈肥」。但是企業減肥就沒有包袱，用得上「省官不如省事」的策略。

吉凶由人，不在於地

名句的誕生

上[1]令蕭吉為皇后擇葬地，得吉處，云：「卜年二千，卜世二百。」上曰：「吉凶由人，不在於地。高緯[2]葬父，豈不卜乎？俄而[3]國亡。正如我家墓田，若云不吉，朕不當為天子；若云不凶，我弟不當戰沒[4]。」然竟從吉言。

～〈隋紀〉

完全讀懂名句

1. 上：史書稱皇帝為「上」。當時的皇帝是隋文帝楊堅。
2. 高緯：北齊後主的名字，北齊就葬送在他的暴政、劣政之下。
3. 俄而：轉眼間、沒多久。
4. 戰沒：陣亡。

語譯：隋文帝派蕭吉為甫過世的獨孤皇后選擇墓地（看風水），找到一處好風水，說：「可以庇佑子孫兩千年、兩百代。」隋文帝說：「是吉是凶，看人而不是看風水（子孫若不肖就保不住政權）。高緯安葬他父親時，難道沒有看風水嗎？還不是轉眼間國家就亡了。就拿我家祖墳來說好了，如果說風水不吉，那我不該當皇帝；如果說不凶，那我弟弟不應當戰死（祖先沒保佑）。」但最終仍採納了蕭吉的意見。

名句的故事

《資治通鑑》緊接著記載：

蕭吉退出宮後，對同族人蕭平仲說：「皇太

子（楊廣，後來的隋煬帝）派宇文述（宇文化及兄弟的父親）來對我說：『先生之前曾說我會成為太子，果然應驗了（兩年前廢楊勇、立楊廣），我必終身不忘。如今先生奉命為母后選擇風水，務必選擇能讓我早日登基的風水（也就是咒老爹早死）。我登基之後，一定以富貴相報。』我對宇文述說：『四年後，太子將統御天下。』如果太子當政，隋朝就要亡了，你記得我說的話。」

實際的發展，隋煬帝等不到四年，隔了一年多就弒父自立，而隋朝也亡在煬帝的手上——隋文帝的話應驗了，而隋煬帝縱使有母親的庇蔭提早登基，他的父親又豈可能保佑他？

歷久彌新說名句

西漢成帝劉驁為自己預修陵寢（昌陵），工程浩大奢侈，光祿大夫劉向上書說：「上天不會只照顧一個姓氏，自古至今，未曾有不亡的國家。孝文帝曾經稱讚玉石棺槨非常堅固，張釋之（漢文帝時一位剛正大臣）說：『假使棺槨中有人們想要的東西，即使是堅硬的南山（咸陽之南是秦嶺山脈）也會被找出可鑿之隙。』張釋之的意思是，人的壽命有限，而政權會轉移，那實在是眼光長遠的建言，孝文帝即時覺悟，於是實行薄葬。而堯、舜、禹、湯、文、武、周公的墳墓都很小，薄葬正是奉安君父的最高表現啊！

「秦始皇將陵墓建在驪山之下，下面灌泉水，上頭建高岡，以水銀做江河，棺槨華麗、宮殿雄偉、機關重重。結果，陵墓還沒完工，起義軍已經打到咸陽，項羽一把火將他的宮殿燒成平地。……」

最後，劉驁下詔：「孔子說，過而不改，是謂過矣，從今天起，停止昌陵工程。」

名句可以這樣用

楊堅口說「吉凶由人，不在於地」，但是他仍然採納了風水之說，這叫作「惡惡而不能去」；劉驁聽了「自古及今，未有不亡之國」，最終下令停工，稱得上勇於改過了。

天無不覆，地無不載

名句的誕生

啟民[1]上表陳謝曰：「大隋聖人可汗憐養百姓，如天無不覆，地無不載。染干[1]如枯木更葉[2]，枯骨更肉[2]，千世萬世，常為大隋典[3]羊馬也。」

～〈隋紀〉

完全讀懂名句

1. 啟民：突厥啟民可汗，姓阿史那，名染干。
2. 更：重新。更葉：長出新葉。更肉：長出新肉。
3. 典：看守。

語譯：啟民可汗向隋文帝上書表達感謝之意，說：「大隋帝國聖明的可汗（皇帝）憐憫養育所有的人民，就像天無所不覆蓋，地無所不承載一樣。我染干就像枯木逢春再生新葉，枯骨重生再長新肌，我的子孫千代萬代都會為大隋帝國看守羊馬。」

名句的故事

北魏強盛時，突厥入貢，北魏分裂後，突厥既是東魏、西魏相爭取的外援，也是雙方的主要邊患。隋朝統一中國前後，突厥內部分裂，最強的是達頭可汗阿史那玷厥，而啟民可汗則依附隋朝。

本文所述的這一項，是達頭可汗侵犯中國邊塞，隋文帝派出兩路大軍迎戰：一路是晉王楊廣（後來的隋煬帝）及越公楊素，一路是漢王楊諒及太平公史萬歲。

楊廣一路的驃騎將軍長孫晟在河川上游下毒，迫使突厥撤軍，追殺一千餘人。

楊諒一路大破突厥軍，殺數千人，追逐深入沙漠數百里。

這一段，楊諒與史萬歲的功勞比較大，可是楊素正在幫楊廣爭取太子之位，不容許楊諒的鋒芒超過楊廣，於是誣陷並害死了史萬歲。

同時，達頭可汗又派侄兒阿史那侯利伐從沙漠東方攻擊啟民可汗，隋文帝則派出軍隊幫他抵抗，所以啟民可汗上表謝恩。

事實上，突厥內部勢力此起彼落，與中國忽友忽敵，啟民的宣誓效忠是場面話，不可當真。但即使啟民可汗是真心要為隋朝千世萬世看守羊馬，隋朝卻沒那個命！

歷久彌新說名句

《莊子》書中名句：「天無私覆，地無私載，天地豈私貧我哉？」意思是：天毫無偏私地覆蓋萬物，地毫無偏私地承載萬物，天地豈會獨獨不照顧我呢？

《禮記》子夏問「何謂三無私？」孔子說：「天無私覆，地無私載，日月無私照，此之謂三無私。」

莊子與孔子強調的是「無私」，而本篇名句強調的是「無所不包容」，都是藉天地之廣大，引喻德行之寬宏。

名句可以這樣用

人類生存的空間就是天地之間，以天地對仗形容無所不包的成語很多，例如：天高地厚、天長地久、天荒地老、天南地北、天翻地覆、天崩地裂等。幹了壞事就「不容於天地之間」，難逃司法「天羅地網」，罪大惡極者更將遭受「天誅地滅」。

天時地利不及人和

名句的誕生

天時地利不及人和，況於手足肱支[1]，豈可相害？今社稷危恥[2]，創巨痛深，唯應剖心嘗膽[3]、泣血枕戈[4]，其餘小忿，或宜容貫[5]。若外難未除，家禍仍構[6]，料今訪古，未或不亡。

～〈梁紀〉

完全讀懂名句

1. 肱：胳膊。支：同「肢」。親子為骨肉，兄弟為手足，血親為肱肢。
2. 社稷：國家。社稷危恥：當時侯景叛軍攻入建康，梁武帝餓死臺城。
3. 嘗膽：越王句踐臥薪嘗膽復國。
4. 枕戈：五胡亂華，西晉劉琨枕戈待旦以圖復興。
5. 貫：同「貸」，寬恕。容貫：包容寬恕。
6. 構：結怨。

語譯：（兵法說）天時地利不如人和，何況是兄弟叔侄同姓血親（如父祖），豈可相害？如今國家遭逢危難與恥辱，創痛既大且深，王室成員之間應該開誠布公，效法句踐臥薪嘗膽，化悲憤為力量，學習劉琨枕戈待旦，其他個人小怨，就該包容寬恕。如果外患尚未除去，自家卻結怨相攻，考察古代、預估今事，沒有不亡國的。

名句的故事

侯景叛亂，梁武帝餓死，南梁中央政府被侯

景控制。湘東王蕭繹起兵靖難，可是兩個侄兒岳陽王蕭詧和河東王蕭譽聯手阻礙蕭繹的軍事行動，甚至引進西魏軍隊。於是乎，長江中、上游的蕭氏皇族自己打了起來。

邵陵王蕭綸寫信給兄弟蕭繹，一開頭就用上「天時地利不如人和」，認為必須同族諸王合力才能平亂復國。

然而，蕭綸這封信並未發生作用，蕭繹與侄兒的戰爭始終沒有停，後來是侯景暴政搞垮了自己，蕭繹大將王僧辯、陳霸先攻入建康，滅了侯景。可是蕭繹不去建康就大位，在湘東當了三年皇帝，蕭詧引西魏軍隊攻滅了蕭繹。陳霸先在建康擁立梁敬帝（後來篡位），蕭詧在荊州稱梁王（後梁），成為西魏的傀儡政權——同姓相攻，便宜了外人！

歷久彌新說名句

最早的兵法只見討論天時與地利，如《孫子兵法》說的「道天地將法」，因為那時的軍隊由「士」階級為主力，屬於職業軍人，老百姓不能參軍，只有在戰時應召。直到戰國孫臏，才在他的兵法《齊孫子》中闡述：

> 天地之間，莫貴於人。……天時、地利、人和三者不得（不能完全具備），雖勝有央（同「殃」，即使打勝仗也會留下後患）。……十戰而十勝，將善而生過者也（生指「眾兵」，生過指士兵素質超過敵方）。

亦即到戰國中期之後，七雄大行富國強兵之道，練兵成為與將略同等重要的功課，打起仗來，萬眾一心則雖少亦勝，各懷異志則雖眾亦敗。到了戰國後期，六國「合縱」以抗秦，卻被「連橫」之策破壞，卒告失敗，更是人不和則不勝的最佳例證。

名句可以這樣用

「天時地利不如人和」用在今日商場也同樣有效：天時是產品品質，地利是通路，但是human connection才是勝負關鍵，亦即銷售團隊與客戶服務正是「人和」。

同舟而濟，胡越一心

名句的誕生

虜[1]必不能登城，敢為諸君保之。舟楫之計[2]固已久息，虜之殘害古今未有，屠剝之苦，眾所共見，其中幸[3]者，不過得驅還北國作奴婢耳。彼[4]雖烏合[5]，寧不憚此邪！所謂「同舟而濟，胡越[6]一心」者也。今兵多則虜退速，少則退緩。吾寧可[7]欲專功而留虜乎！

～〈宋紀〉

完全讀懂名句

1. 虜：南朝稱呼北朝（胡人）。
2. 舟楫之計：用舟船由水路撤退。
3. 幸：同「倖」，倖生。
4. 彼：臧質敗軍。
5. 烏合：形容敗軍紛亂無序。
6. 胡越：北方之胡與南方之越。意謂相隔千里外的兩個民族。
7. 寧可：豈可。

語譯：北魏軍絕對攻不上城，這一點我敢向各位保證。但是由水路撤退的計畫已經不再談，而北魏軍的殘酷行徑卻是前所未見，屠殺與剝人皮的殘忍景況，大家都看見了，即使僥倖沒死的，不過是帶回北方充作奴婢（生不如死）而已。這一批潰敗的我軍，他們雖然已成為烏合之眾，缺乏戰力，難道不畏懼北魏軍的殘酷嗎？有道是「同在一條船上渡河的人，會不分種族團結一心」。如今（盱眙）城內兵多則敵軍會快一點退去，兵少則慢一點退去，我們豈可為了爭取百分之百的功勞，而讓敵軍留久一點呢？

名句的故事

南北朝時代第一次南北大戰中的一個小故事：

盱眙太守沈璞在到任之後就整修城牆、護城河，儲積糧草、矢石，不但幕僚有雜音，朝廷也認為他的作法有點過頭。可是等到北軍南下，南朝（劉宋）守城官員大多棄城而去，只有沈璞堅守盱眙。

起初，沈璞對城中軍民說：「敵軍如果認為我們城池小，不理會我們的話，那又有什麼好擔心的呢？如果他們來攻打，那正是我報效國家的時候，也是諸君立功封侯的大好機會啊！諸君可曾見過『數十萬人聚集一個小城之下』而不失敗的嗎？歷史上，王莽百萬大軍在昆陽潰敗就是最好的驗證。」於是城內眾心一志。

本文故事是：南軍統帥臧質被擊潰，臧質只帶了七百敗卒投奔盱眙。這一回，城中有人認為「將來若守城有功，臧質官階高，會分走主要功勞。如果由水路撤退，就多了七百人搶舟船」，建議不開城門、不收敗卒。沈璞乃做本文之說服——臧質殘部入城，「見城中豐實，大喜，眾皆稱萬歲」，一同堅守盱眙小城，成為南軍在淪陷區的中流砥柱。

歷久彌新說名句

上述故事九年之後，劉宋帝國內部兵變，宋孝武帝劉駿不信任兄弟劉誕，劉誕帶領府中養士數百人，向皇宮進行拂曉突襲。劉誕投書於宮城：「同樣生在皇家，如今我犯了什麼罪？竟成胡越？」——兄弟鬩牆，仇隙比胡越的隔閡還更深、更不可彌合！

名句可以這樣用

南北朝時推動「胡人漢化」政策的北魏孝文帝有一句名言：「做君主的只要能做到處事公平、以誠待人這兩點，那麼胡、越之人皆可以如兄弟。」——只要沒有種族歧視，就不會有種族爭鬥。

作者不居，居者不作

名句的誕生

傉檀[1]燕[2]群臣於宣德堂，仰視歎曰：「古人有言：『作者不居，居者不作。』信矣。」武威孟禕曰：「昔張文王[3]始為此堂，於今百年，十有二主矣，惟履信思順者可以久處。」傉檀善之。

～〈晉紀〉

完全讀懂名句

1. 傉檀：南涼王禿髮傉檀，鮮卑族。
2. 燕：閒。此處指非正式之聚會。
3. 張文王：前涼王國開國主張駿，漢族。

語譯：禿髮傉檀和群臣在宣德堂聚會，仰視殿堂的瑰麗壯偉，嘆息說：「古人說過：『建築的人自己不住，居住的人不建築。』這話真對啊！」武威人孟禕說：「自前涼張文王興建這座殿堂以來，已經一百多年，共有十二位領導人（前涼六王、後涼五王、後秦一刺史）住進這裡，只有實踐誠信、顧念民心的領導人得以長久居住。」禿髮傉檀嘉許他這番話。

名句的故事

後涼王呂隆抵擋不住南涼與北涼（匈奴沮渠氏）聯軍，向後秦天王姚興（羌族）納降，姚興派王尚擔任涼州刺史，王尚治理涼州三年，受到人民愛戴。

後來，禿髮傉檀獻給後秦天王姚興三千匹馬、三萬口羊（後秦是當時西北地方的超級強國，南涼、北涼等小王國都形式上臣服後秦，並受其封號），姚興於是下令禿髮傉檀兼領涼州刺史，並召還王尚。

此令一下，涼州人民焦急非常，州王簿胡威去到長安，面見姚興時流涕陳情：「陛下奈何以涼州臣民交換三千匹馬、三萬口羊呢？這叫作『賤人貴畜』。如果國家因戰爭需要馬匹，我們涼州三千餘戶，每戶呈獻一匹馬，命令早上下達，天不黑就可以辦齊，一點也不困難。」姚興這才知道自己的王國內竟然還有這樣一片富庶之地，連忙下令追回前令，但是為時已晚，禿髮傉檀的軍隊已經進入涼州城。

孟禕期待禿髮傉檀仍然施行仁政，所以做前述建言。但是，在那個大分裂時代，土地人民都是軍閥打仗的籌碼。涼州人民只有在前涼王國力求偏安的十幾年，和王尚（非軍閥）治理的三年，得過平安日子。

歷久彌新說名句

匈奴赫連氏建立的胡夏王國也曾在當時的北方威風一陣，並且興築了一座堅固雄偉的統萬城，城高十仞（約二十公尺），基礎寬三十步，城牆上寬十步，宮牆高五仞，牆石堅硬得可以用來磨礪刀斧，亭臺樓閣與內部裝飾之瑰麗「無以復加」。

胡夏亡於北魏帝國（鮮卑族），北魏太武帝拓跋燾攻進統萬城，對左右說：「一個小國竟把人民奴役到這種程度，要想不亡，又怎麼能夠？」這座城的四個城門分別是「招魏門」、「朝宋門」、「平朔門」、「服涼門」，但是，歷史證明，城雖堅固仍待有德者居之。

名句可以這樣用

除了「有德者居之」之外，「作者不居，居者不作」還有另一面向的體會：從事生產的人自己享受不到，享受他人成果者自己不生產。這又有兩個層次：一是要體念生產者的辛苦，「始信盤中飧，粒粒皆辛苦」；一是柳宗元〈梓人傳〉的名句「勞心者役人，勞力者役於人」，如果不想「做出來的都讓別人享受了」，就得努力向上才行。

兄弟輯睦，則祚流萬世；若內自相圖，則禍不旋踵

名句的誕生

永業[1]才非撥亂[2]，直以[3]立嫡有常，猥居元首。今外有強寇[4]，人心未寧，汝兄弟緝睦[5]，則流祚萬世；若內自相圖[6]，則禍不旋踵[7]矣！

～〈晉紀〉

完全讀懂名句

1. 永業：呂紹字永業，後涼天王呂光之子。
2. 撥亂：掃除亂象。引申為平定天下。
3. 直以：只因。
4. 強寇：指後涼王國周邊的西秦（鮮卑乞伏氏）、南涼（鮮卑禿髮氏）、北涼（漢族段業，後由匈奴族沮渠氏繼承），後涼呂氏為氐族。
5. 緝睦：將麻搓撚成繩子稱作「緝」。緝睦就是團結和睦的意思，又作「緝穆」。
6. 相圖：互相圖謀、內鬥。
7. 旋踵：轉過腳跟。禍不旋踵：形容禍事來臨不待轉身，就在眼前。

語譯：呂紹並非打天下的材料，只因為嫡長制度所以讓他居元首之位。如今四境有強鄰，內部人心未定，你們兄弟只要團結和睦，呂家的王業就能永久傳下去，如果你們兄弟互相攻伐，那麼禍事的來臨就在眼前（不待轉身）了。

名句的故事

後涼天王呂光病重，臨終前，立太子呂紹為

天王，自己擔任太上皇。同時任命另外兩個兒子呂纂為太尉（掌軍事）、呂弘為司徒（掌行政）。呂光對呂紹說：「你只需將軍事與朝政交給兩位兄長，自己無為而治，局面大概可以維持，如果兄弟之間內鬥，那麼，蕭牆之禍將即刻來臨！」然後召見呂纂、呂弘，對他倆說了前述本句典故那番話。

很遺憾，呂紹的天王只做了沒幾天，呂纂就取而代之了。是呂纂主動想政變嗎？也不是。是一直有人「提醒」呂紹小心他那掌兵權的老哥，以致呂紹未能真心相待，讓兩位老哥輔佐他統領王國。之後呂纂又被侄兒取代，後涼因內鬥而衰弱，亡於後秦。

歷久彌新說名句

五胡十六國與南朝宋齊兩帝國，內部不斷上演兄弟相殘與權臣纂位的交叉戲碼。而呂光說的這兩句名言，的確是那一個時代最有用的銘言。

在那樣一個時代，卻發生了一個我們都熟悉的故事：

吐谷（音ㄩˋ）渾王阿柴有二十個兒子，他生病躺在帳內，召來所有王室親貴，說：「我死之後，你們要奉慕璝（阿柴的侄兒）為王。」然後要他的兒子每一個人交一枝箭出來，取其中一枝給弟弟慕利延，要慕利延將它折斷。慕利延毫無困難地折斷那枝箭。阿柴再將餘下十九枝箭交給慕利延要他折，慕利延折不斷。於是阿柴曉諭兒子、弟弟說：「你們明白了嗎？『孤則易折，眾則難摧』，你們要團結一心，然後可以保住國、安定家（王族）。」

名句可以這樣用

「禍不旋踵」另一個相近辭是「禍至無日」，再加上「禍起蕭牆」，都是很好用的警告用成語，但要注意三者適用情形不同：禍不旋踵是說「禍在眼前不在身後」，禍至無日是說「災禍會來得比你想像快很多」，禍起蕭牆是說「禍源在內部而非外部」。

數戰則民疲，數勝則主驕，以驕主御疲民，未有不亡者也

名句的誕生

魏文侯問李克，吳之所以亡，對[1]曰：「數[2]戰數勝。」文侯曰：「數戰數勝，國之福也，何故亡？」對曰：「數戰則民疲，數勝則主[3]驕，以驕主御疲民，未有不亡者也。」

～〈晉紀〉

完全讀懂名句

1. 對：下位者回答上位者。
2. 數：連續、一再。
3. 主：君主。

語譯：魏文侯問元老李克：「吳國為何亡國？」李克回答：「因為吳國一再取得軍事勝利。」文侯再問：「連續打勝仗是國家的福氣啊！為什麼打勝仗會亡國呢？」李克答：「不停地戰爭使得民力疲竭，一再地勝利使得君主驕傲，以一個驕傲的君主駕御疲倦的人民（國力耗盡仍不停征戰），沒有不亡國的。」

名句的故事

這是戰國的故事，但是卻出現在〈晉紀〉，係由於這一段是司馬光評論苻堅之死，引用魏文侯與李克的對話，印證苻堅的前秦帝國之所以敗亡，就因為「主驕而民疲」。

苻堅繼石勒之後雄踞北方，也曾一度建立一個盛世帝國。但卻在王猛過世之後，發動百萬大軍南征東晉帝國，揚言「投鞭斷流」，結果淝水大戰秦兵潰敗。

「五胡」的次序：匈奴、羯、鮮卑、氐、

羌。最先打進洛陽的是匈奴（前趙），之後壯大的是羯（後趙），然後是氐（前秦）。苻堅兵敗之後，率先起兵的是鮮卑（後燕）與羌（後秦）。苻堅後來被秦姚萇俘獲，但階下囚卻仍擺出主子的身段，稱姚萇為「小羌」，最終被姚萇派人將他縊死。

苻堅在獄中與姚萇派來索取傳國璽的使者尹緯對話，發覺尹緯是個人才，問他：「你在朕的朝中擔任什麼官？」尹緯答：「尚書令史（兩百石俸祿的小官）。」苻堅說：「你有王猛一般的才能，足堪擔任宰相，而朕卻不知道有你這樣一個人才，真是該亡國啊！」

其實，有識人之明、用人之量是苻堅成功的原因，而司馬光所說「以驕主御疲民」才是苻堅失敗的原因。

歷久彌新說名句

「數勝而國亡」最明顯的例子誠然是吳王夫差，當越王句踐大軍攻打姑蘇城的告急使者趕到諸侯大會，夫差正與晉侯爭霸主之位，唯恐消息外洩，有礙他爭盟主，乃殺了使者。結果，盟主的虛名得到了，可是後方國都姑蘇城卻失陷了，最終落得個身死國滅。

不知汲取敵人失敗教訓的則是越王句踐，他在滅吳之後揮軍北上爭霸，當時號稱「霸王」。但是也因為小國卻好戰，被楚國滅亡。

「數勝而驕」的故事就不勝枚舉了。反倒是連番勝利、躊躇滿志之餘，曉得反省國力耗弱者，才是英明——代表人物是漢武帝，他在晚年偃武息兵，封宰相為「富民侯」，重新積蓄國力。

名句可以這樣用

現代企業崇尚規模要大，流行合併風。但是也有因為擴張過速而一夕崩潰的故事，其原因同樣是由於「數戰數勝而主驕」。

水能載舟，亦能覆舟

名句的誕生

朕[1]自立太子[1]，遇物則誨[2]之。見其飯則曰：「汝知稼穡[3]之艱難，則常有斯飯矣。」見其乘馬則曰：「汝知其勞逸，不竭其力，則常得乘之矣。」見其乘舟則曰：「水所以載舟，亦所以覆舟，民猶水也，君猶舟也。」見其息於木[4]下則曰：「木從繩[5]則正，后[6]從諫則聖。」

～〈唐紀〉

完全讀懂名句

1. 朕：唐太宗自稱。太子：李治（後來的唐高宗）。
2. 誨：教育。遇物則誨：隨時機會教育。
3. 稼：栽種。穡：農事。
4. 木：樹。
5. 繩：木匠用的繩墨。
6. 后：國君。

語譯：（唐太宗對左右大臣說）我自改立太子之後，隨時給予他機會教育。看見他吃飯就說：「你能知道農事的辛苦，就能長久有飯吃。」看見他騎馬就說：「你能知道馬的能力限度，不耗盡牠的力量，就能長久有馬可騎。」看見他乘船就說：「水可以承起船隻，也可以翻覆船隻。人民好比是水，國君好比是船。」看見他在樹下休息就說：「木材依照繩墨裁切就正，國君聽從諫言就英明。」

名句的故事

唐太宗原本立嫡長子李承乾為太子，李承乾行為不端，太宗乃廢太子，改立李治為太子。李治個性闇弱，只因為長孫無忌等大力支持，才被立為太子。唐太宗心裡也明白這個兒子不是最優秀的，所以隨時隨地給他機會教育。

本文所述四項機會教育，一言以蔽之，就是「國君要了解民生疾苦」。而本句的出處，則是魏徵對太宗的諫言：「君，舟也；人，水也；水能載舟，亦能覆舟。」

唐高宗終其一生不失為一位仁厚的君主，但是唐太宗只教會他愛民，卻教不會他帝王的權術，以致於李治後來受制於武則天，差一點斷送了大唐江山。

歷久彌新說名句

東漢時，大將軍梁冀跋扈專權，但是當時的士大夫卻能不畏權勢，前仆後繼地站出來彈劾梁冀。

有一位受「賢良方正」推薦到中央任官的書生皇甫規，在策對中提出：「君者，舟也；民者，水也；群臣，乘舟者也；將軍兄弟（指梁冀與弟弟梁不疑），操檝者也（喻執政者）。」直指「若執政者多行不義，將淪入波濤」。

皇甫規得罪梁冀，辭官回家避難，一直等到梁冀伏誅（等了十五年），才得復出。相對於魏徵可以對唐太宗直諫無諱，說同樣的話，遭遇卻是天壤之別！

名句可以這樣用

同樣的比喻，皇甫規的說法引喻周全，包括了舟、水、乘舟者與操檝者；唐太宗的說法是「先警告，後說明」，父親教訓兒子的口吻躍然紙上；魏徵的用詞最簡潔有力，所以「水能載舟，亦能覆舟」成為「決定版」。

飢者易爲食，渴者易爲飲

名句的誕生

上[1]曰：「今承大亂[2]之後，恐斯民未易化[3]也。」魏徵對曰：「不然。久安之民驕佚[4]，驕佚則難教[3]；經亂之民愁苦，愁苦則易化。譬猶飢者易為食，渴者易為飲也。」

～〈唐紀〉

完全讀懂名句

1. 上：唐太宗李世民。
2. 大亂：指隋末群雄逐鹿的戰亂年代。
3. 化、教：即「教化」，以教育與道德管理人民。
4. 驕：驕傲。佚：放縱。驕佚：驕縱。

語譯：唐太宗說：「目前正處於長期戰亂之後，恐怕老百姓不容易教化。」魏徵回答說：「不對。老百姓若安逸太久就會驕縱，驕縱之民就難以教化；經過戰亂的人民生活愁苦，愁苦就容易教化。正好比餓肚子的人不挑剔食物，口渴的人不挑剔飲水同樣道理。」

名句的故事

儒家主張教化，法家主張刑治，這兩派學者千餘年來爭論不已，但事實上歷朝歷代都是儒法相互為用，偏向任一邊都會發生問題。

本文對話之後，《通鑑》記載了另一位大臣封德彝反對魏徵的說法：「三代以後，人心愈益澆薄，此所以秦朝用嚴刑酷法、漢朝王霸兼用，原因在於想要用教化卻不能，豈是可以用教化而不用呢？魏徵是書生之論，不識時務，如果聽信他的言論，必定危害國家。」

魏徵則反駁：「歷朝都是戰亂之後建國，也都建立了盛世文明。如果說古人淳樸，後人澆薄，那歷經千年到了今天，就該通通化為鬼魅了，國君哪還能治理！」

魏徵和封德彝的話都有道理，這是治國之道要重於教化，還是重於刑治的選擇而已，只要配套得當，都可以有一定的成效。魏徵的反駁有點強辭奪理，封德彝的辯解也有點雞蛋裡挑骨頭。唐太宗當場嘉許並採納魏徵的意見，但不是贊同理論，而是支持剛正不阿的魏徵、貶抑封德彝。易言之，唐太宗是做給群臣看「我支持剛正之士」，這是更重要的治國統御術。

歷久彌新說名句

魏徵堅持的是儒家理論，但是他的譬喻「飢者易為食」，卻正是法家的邏輯：

《管子》：「倉廩實而知禮節，衣食足而知榮辱，四維不張，國乃滅亡。」有人把管仲歸於法家，但是管仲這一番治民理論強調的是「禮節」、「榮辱」，正是儒家「教化」的內容。

基本上，國家安全的根本在於民生經濟，人民生活安定就安土重遷，民不聊生就容易鋌而走險。當然，封德彝說的也不全然錯誤，所以必須教化與法律並行，讓老百姓知禮節、知榮辱，同時也不致於「久安而驕佚」成為刁民——這就是儒法並行的治道。

名句可以這樣用

《水滸傳》裡，魯達三拳打死鎮關西，急急捲了些細軟銀兩「跑路」，書上形容他東逃西奔的情景，正是「飢不擇食，寒不擇衣，慌不擇路，貧不擇妻」，這四句江湖順口溜正合了本句意旨：基本生活條件尚且缺乏的人，不會挑剔生活品質，活下去才是首要之務。

王者視四海如一家

名句的誕生

王者[1]視四海如一家，封域[2]之內，皆朕赤子，朕一一推心置其腹中，奈何宿衛[3]之士亦加猜忌乎！

～〈唐紀〉

完全讀懂名句

1. 王者：國家領導人。
2. 封域：國境。
3. 宿衛：禁衛軍。

語譯：擔任一國之君，把全國當作一個大家庭，國境之內的人民，都看成我的子女，我對每一個人都推心置腹，怎麼可以連禁衛軍都加以猜忌呢！

名句的故事

唐太宗李世民即位後，為警惕文武官員要居安思危，親自率領禁衛軍在顯德殿庭院練習射箭，訓勉衛士們說：「外患侵略並不值得憂慮，值得憂慮的是邊境稍微平靜，國家領導人就貪圖安逸，忘了備戰，結果遇到外患入侵時，不堪一擊。現在我不要你們建築宮廷池苑，而是要你們專心操練箭術，平時擔任你們的教官，戰時就擔任你們的將領，這樣或許能讓全國人民得到安全。」

於是，每天有數百禁衛軍到殿庭練習，李世民親自主持考試，中靶較多者賜給弓、刀、帛，連帶他們的長官也獲得「上等」考績。

許多文武官員進諫：「依照〈大唐律〉，持

械進入皇帝住所者應處絞刑。如今卻讓地位卑微的軍士，在宮殿中張弓挾矢，而陛下身處他們中間，萬一有哪一個突然發狂，做出意料之外的舉動，那可不是愛護國家（朕即國家）的作法。」

唐太宗不接受這些勸諫，並且以本文話語表示對衛士個個都推心置腹，禁衛軍因此個個奮發，數年之間，全成為精銳。

歷久彌新說名句

李世民說的「推心置其腹中」，係引用東漢光武帝劉秀的典故：劉秀平定河北「諸賊」（飢民組成的游擊隊），收編這些兵力。可是劉秀手下的將領不信任這些流寇，變民也因不受信任而情緒不穩，軍中氣氛緊張，一觸即發。

劉秀察覺這種氣氛不對，就下令投降部隊回到自己營地，武裝備戰，然後自己只帶著少數隨從，進入各軍營閱兵，以示信任。投降的變民相互傳話：「蕭王（劉秀當時的封號）推赤心置人腹中，安得不投死（效命）乎！」從此心悅誠服。

事實上，李世民在還沒有當皇帝之前，帶兵打仗就曾親選精銳，皂衣玄甲，派秦叔寶、程知節（程咬金）、尉遲敬德（尉遲恭）、翟長孫為將領，每次都親率這支「黑衫軍」擔任前鋒，所向無堅不摧，敵人都聞之色變。唐太宗當了皇帝仍然不改作風，因此，即使是居安思危，也要親率精銳，不避可能的危險。

名句可以這樣用

「視四海如一家」是國家領導人愛民如子，「四海皆兄弟」是一般人任俠好客。同樣都是對人「推心置腹」，同樣是比喻「大家庭」，但前者是家長口吻，後者是兄弟口吻，用法上有區隔。

刻民以奉君，猶割肉以充腹，腹飽而身斃，君富而國亡

名句的誕生

君依於國，國依於民。刻[1]民以奉君，猶割肉以充腹，腹飽而身斃，君富而國亡。故人君之患，不自外來，常由身[2]出。夫欲盛則費廣，費廣則賦重，賦重則民愁，民愁則國危，國危則君喪矣。

～〈唐紀〉

完全讀懂名句

1. 刻：苛刻、剝削。
2. 身：自己。

語譯：君主依靠國家，國家依靠人民。剝削人民以侍奉君主，有如割身上的肉填飽肚子，肚子飽了，人也死了，君主富有了，國家也滅亡了。所以說，君主的災禍通常不是來自外部，而是自己搞垮自己。要曉得，欲望太盛則費用大增，費用大增則賦稅一定重，賦稅太重則人民愁苦，人民愁苦則國家危險，國家危險則君主的腦袋不保。

名句的故事

唐太宗李世民堪稱古今第一英明的君主，他稱不上仁慈，但是他對天下治亂的道理十分清楚，只要是有助於國家興盛的事情，他都毫不猶豫地去做。遍觀《貞觀政要》，內容盡是這個方向的言論，而本句更是唐太宗「為了國家永續經營（皇祚永續綿延）而愛民」邏輯的範本。

太宗這一次談「不加重賦稅」，是由「治安」

談起，文武官員討論如何肅清盜匪，有人主張「用重刑」，太宗對這種主張嗤之以鼻（哂之），說：「人民之所以淪為盜賊，是因為賦稅太重，勞役繁多，再加上官吏加重斂財，飢寒交迫，就顧不得廉恥，而作姦犯科。政府應該戒除奢侈浪費，節省開支，減輕稅賦與勞役，選任清廉的官吏，讓人民衣食有餘，就不會有人去當盜賊了，何必用重刑呢？」講到這裡，乃闡述他對「奢侈亡國」的施政理念。

歷久彌新說名句

《管子》：「倉廩實而知禮義，衣食足而知榮辱」、「治國之道必先富民，民富則易治，民貧則難治」。管仲是第一個提出富民政策的政治家，這在社會階級分明、以「士」為社會中堅的周代，確實是不容易的思想，此所以他能夠襄助齊桓公建立霸業，用的就是藏富於民政策。前述唐太宗的思考邏輯，就是管仲的治國思想加上隋煬帝「勞民傷財以致亡國」的前車之鑑。

但是就有那麼多統治者想不透這個道理，非但不懂「腹飽而身斃」，甚至有直接「吃人肉」的統治者：

與李世民同時代，隋末軍閥之一的朱粲帶領二十萬流民游擊隊，在漢、淮之間（湖北、安徽、江蘇）流竄，打下一個州縣，吃光、搶光後，還放一把火燒光才走。直到那一帶都沒得搶掠了，就下令士卒「烹婦人、嬰兒噉之」，還說：「肉類的美味沒有超過人肉的，只要其他國家還有活人，何必擔憂餓肚子？」

這個食人魔後來被李世民在洛陽斬首，老百姓恨他，用石頭扔他的屍體，堆成一座小山。

名句可以這樣用

古時宰相的職責是「調和鼎鼐」，也就是積極主動地供給人民吃飽，到後來，皇帝與官吏能做到消極的不「刻民以奉君」、「斂民以富官」就很好了，老百姓哀哉！

國以民爲本，民以食爲天

名句的誕生

國以民為本，民以食為天。今民所以襁負[1]如流而至者，以所天在此[2]故也。而有司曾無愛吝[3]，屑越[4]如此。竊恐一旦米盡民散，明公[5]孰與成大業哉！

～〈唐紀〉

完全讀懂名句

1. 襁：包裹嬰兒的布兜。負：背負。襁負：猶言「扶老攜幼」。
2. 所天：民以食為天，故稱食物為「民之所天」，這裡有糧食，故說「所天在此」。
3. 受吝：愛惜、節省。
4. 屑越：米屑遍地。
5. 明公：指李密。

語譯：人民是國家的根本，糧食是人民的天（頭等大事）。如今百萬人民扶老攜幼而來，就是因為他們的「天」在這裡的緣故。但是負責發放糧米的人卻絲毫不知愛惜、節省，米粒隨地散落成這幅景象，我只怕一旦糧米發放完了，人民也散了，閣下要憑什麼成就大業呢？

名句的故事

李密攻取洛口倉，開倉賑飢，一下子吸引了上百萬流民，李密從中挑選精壯，增加了二、三十萬軍隊。

但是發放米糧的工作毫無組織，沒有人負責點數，也沒有建檔管理，流民想拿多少就拿多少，貪多搬不動，就丟棄在路當中——由糧倉到城門口，路上米粒厚積數寸，車馬從上面輾踐而過。流民沒有甕缸，自己用樹枝編筐淘米，筐眼太疏，米粒流入水中，洛水兩岸十里之間，水岸望去宛如白沙灘。

李密看見這種情況，大喜，對幕僚閏甫說：「這可以稱為『足食』了吧！」閏甫乃對李密陳述本文之隱憂（米吃完怎麼辦？），李密認為很對，即刻任命閏甫擔任司倉參軍，負責管理糧食與發放米糧。

李密攻洛陽不下，據守洛陽的王世充軍隊缺糧食，而李密的軍隊缺衣服，王世充提出雙方交易，李密不答應。但是李密的幕僚牟求私利，勸李密同意以米換布。在此之前，洛陽城內逃出來投降李密軍的人數，日以百計，但是雙方交易後，投降人數銳減，李密大為懊悔，下令不准再交易。

民以食為「天」，天就是第一重要的意思。李密以第一重要的米去交換布匹，等於提供敵人「第一重要」的糧食，換來「次要」的布，豈不是虧大了！

歷久彌新說名句

孔子說：「足食、足兵、兵信之矣。」原意是強調誠信的重要，但這一句提出了國家安全的三要素，李密因有洛口倉而「足食、足兵」，所以他看到糧食充盈而大喜。

閏甫的回答則是引述《漢書》：劉邦與項羽在滎陽對峙，軍事進展不利，劉邦想要放棄成皋、據守鞏雒。酈食其對劉邦說：「王者以民為天，而民以食為天。項羽攻取滎陽卻不堅守敖倉，這是老天眷顧陛下，建議趕快進取敖倉，搶到糧食，天下大勢定了一半！」劉邦採納，終於贏了項羽。

名句可以這樣用

民主時代「國以民為本」觀念已經確立，而「民以食為天」的最佳詮釋應為「老百姓的生活是第一要務」。換個角度，俗話說「人是鐵，飯是鋼」，人不吃飯是一定會出問題的。

錢用盡更來，機事一失不可復追

名句的誕生

田興[1]不貪專地[2]之利，不顧四鄰之患[3]，歸命聖朝，陛下奈何愛[4]小費而遺[5]大計，不以收一道人心！錢用盡更來，機事[6]一失不可復追。借使國家發十五萬兵以取六州，期年[7]而克之，其費豈止百五十萬緡[8]而已乎！

～〈唐紀〉

完全讀懂名句

1. 田興：唐憲宗時魏博軍區兵馬使，受軍士擁戴，推為節度使。
2. 專地：唐朝藩鎮割據，不受朝廷指揮管轄。
3. 四鄰之患：魏博周圍藩鎮必定不樂見田興歸附朝廷。
4. 愛：惜。
5. 遺：失。
6. 機事：機會。
7. 期年：一年。
8. 緡：音ㄇㄣˊ，穿錢孔的繩子。百五十萬緡：一百五十萬吊錢。

語譯：田興不貪圖割據的權力與利益，又不顧四周藩鎮不悅，向朝廷效忠。陛下怎麼可以吝惜小錢而誤了大計，不收買這個地區的人心呢！錢用完了還會再來，機會一逝則不再回來。假使國家發兵十五萬攻打魏博六州，就算一年可以攻克（何況打不贏），費用何止一百五十萬緡錢而已！

名句的故事

魏博節度使田季安過世，兒子田懷諫在母親扶植下，自行發表為副大使，但是不得軍心。有一天，軍士譁變，擁立田興為「留後」（代理節度使），田興與軍士約定：一、不得傷害副大使，二、聽從朝廷指揮，由朝廷派官吏。

唐憲宗採取宰相李絳的建議，任命田興為節度使（不用「代理」，增加田興的向心力）。李絳再請求「賞賜魏博軍士一百五十萬緡」，皇帝左右宦官嫌太多，李絳乃對憲宗做本文之說明。憲宗聽完表示：「朕之所以勤儉立國、蓄積財貨，就是為了平定四方所用，不然儲放在府庫裡幹啥！」

一百五十萬緡送到魏博（軍區），軍隊歡聲如雷。成德、淄青、平盧等節度使派去的使者看到這個場面，都嘆氣說：「咱們對抗朝廷幹嘛！」

歷久彌新說名句

南北朝南梁武陵王蕭紀擁兵自重，給哥哥梁元帝蕭繹的書信以兄弟之禮相稱（不用君臣之禮），因而弟兄反目，兵戎相見。

蕭紀搜刮了很多財貨，以一斤黃金做一個餅，一百只金餅裝一木箱，累積有一百箱以上，銀子則是金子數量的五倍。每有戰事，就拿出來亮給將士看，卻從來不賞賜。

終於，政府軍擊潰了蕭紀的軍隊，梁元帝蕭繹密令前線將領樊猛「不要留蕭紀活口」。樊猛領兵殺進蕭紀大營，蕭紀繞著床躲避，拿起裝黃金的囊袋擲向樊猛，說：「用這個雇你，帶我去見七官（蕭繹排行第七）。」樊猛說：「天子不是你可以見的，殺了你，黃金能跑到哪裡去！」蕭紀於是被殺——財貨留在庫房的確沒用。

名句可以這樣用

李白的詩句「天生我材必有用，千金散盡還復來」，是才子豁達人生的價值觀，本句則是帝王欲成就偉大事業的價值觀。

取之有度，用之有節，則常足；取之無度，用之無節，則常不足

名句的誕生

夫地力之生物[1]有大限[2]。取之有度[3]，用之有節[4]，則常足；取之無度，用之無節，則常不足。……桀用天下而不足，湯用七十里而有餘，是乃用之盈虛[5]，在節與不節耳。

～〈唐紀〉

完全讀懂名句

1. 物：人。生物：養人。
2. 大限：極限。
3. 度：適量。
4. 節：節制、節省。
5. 盈：有餘。虛：不足。

語譯：土地養人（大地供養萬民）有它的極限，亦即人民的生產力有其極限。政府適量地向人民徵取稅賦，並且撙節使用，國庫就會經常保持富裕；政府強加搜刮，且毫無節制地花費，國家財政就會經常不足。……夏桀取用天下之財而仍不夠用，商湯只有七十里見方的國土而能有餘（商湯伐桀，革命成功），說明了財政夠不夠用，在於是否有節制地使用。

名句的故事

唐德宗是唐朝中葉一位「有心振作，但志大才疏」的皇帝，他重用陸贄，但是《通鑑》上記載連篇陸贄的上書建言，大部分都是「嘉其言而不能行」，被柏楊評為「豬皇帝」。

本文就是陸贄針對財賦問題提出六大項建議其中的第二項，本文中「……」部分，陸贄說

明「英明的國君了解人民耕作土地是有其限度的，所以不會壓榨人民去拚命耕作，並且衡量稅收『量入為出』；而昏庸的國君則反其道而行，是『量出為入』，以滿足自己的欲望訂課稅標準」。

唐朝的稅法，起初採「租庸調」，單純而易行，後來漸漸增加一些雜稅（如茶稅、鹽稅），到了德宗時，用楊炎改採「兩稅法」，目的也在於簡化稅目，但是卻因為官吏執行的偏差，和藩鎮不配合，造成弊病百出。

陸贄的建議就是由執行面進行改革，不要拘泥稅法，而是體恤百姓、量入為出，以課得到的稅收，做為政府支出的上限。

歷久彌新說名句

《孟子．梁惠王》：「不違農時，穀不可勝食也；數罟（密網）不入洿（深）池，魚鼈不可勝食也；斧斤（伐木之刀）以時入山林，林木不可勝用也。」

孟子講的其實就是這個道理：大地供養萬物有其極限，農林漁牧的生產力也有極限，不要壓迫人民超過生產力的極限，就能讓老百姓「養生喪死無憾」，也就是「王道之始」。

近代的生態保育觀念正合孟子的說法，雖不是封建帝王時代，但是人類使用土地、取自大自然不應該超越自然的極限，不正是人類做為地球「主宰」的王道嗎？

名句可以這樣用

「取之有度，用之有節」不僅適用於國家財政，個人理財不也是一樣的道理嗎？濫用財務槓桿投資得小心「斷頭」，輕易使用信用額度得小心變成「卡奴」，不是嗎？

物極則反，器滿則傾

名句的誕生

陛下[1]雖安天位[2]，殊[3]不知物極則反，器滿則傾[4]。臣[1]何惜一朝之命[5]，而不安萬乘之國哉！

～〈唐紀〉

完全讀懂名句

1. 陛下：武則天女皇。臣：蘇安恆。
2. 天位：皇位。
3. 殊：卻
4. 器滿則傾：容器盛滿就容易溢出。
5. 一朝之命：生命短暫，只在朝夕之間。

語譯：陛下如今雖然安坐皇位，卻沒有念及「事情達到極致會有反作用，容器滿了就會溢出」的道理。我怎能顧惜自己短暫的生命，而不為國家前途進言？

名句的故事

蘇安恆是一位民間學者（未入仕），在此之前，他上書武則天：「娘家族親哪裡比得上親生兒子？」建議一代女皇禪位東宮（太子），並且將武姓諸王黜為公侯。

本文的這篇上書講得更露骨：「陛下難道不曉得更漏將盡、鐘聲將鳴（唐朝法律規定更漏盡則鐘鳴，禁止夜行）？我認為天意和人心終究要還給李氏。」

武則天畢竟稱得上頭腦清楚，她完全聽懂蘇安恆所講的道理，所以沒有降罪蘇安恆。反而是蘇安恆這個書呆子（精通《周禮》與《左傳》）

不懂得「權力如同鴉片，上癮了就戒不掉」，沒被砍腦袋算他運氣。

武則天雖然大封武氏為王，可是始終沒有立姓武的為太子，仍然立高宗的兒子為太子（雖然一再廢立）。而大唐李氏能在武則天之後繼續皇祚，多虧一位宰相李昭德：當時有一夥馬屁精以王慶之為首，上表請立武承嗣為太子。李昭德杖殺王慶之，並且對武則天說：「陛下的天下，當然傳給親生骨肉，豈可以姪兒為嗣君？自古沒聽過姪兒當皇帝，為姑媽立廟的事情。」

武則天之後，皇位雖然回到李氏，但是接下來仍有一段時間，由韋皇后（唐中宗之后）、太平公主（武則天的女兒）等女性主導朝政。然而，武則天再怎麼權傾當世，終究敵不過根深柢固的「嫡長」觀念。

歷久彌新說名句

相對於皇權不能輕易交出（皇帝下臺經常要丟掉腦袋），讀書人「學而優則仕」就很能接受「福氣不要享受到極致，權力不要使用到極限」的明哲保身格言，最典型的人物是清朝的曾國藩。

曾國藩練湘軍，平定太平天國之亂，勳業無可再加；當時長江以南的總督、巡撫、提督有一半以上出自他的部下，功高震主。可是曾國藩卻能夠持盈保泰，富貴終身。

他的為官哲學盡在《曾文正公家書》當中，其中最有名的兩句是「盛時常作衰時想，上場當念下場時」，就和本句的道理一致。

因為了解「器滿則傾」，所以歷代有很多功臣急流勇退，以免招忌。請讀者體會：急流勇退固然需要明智，持盈保泰（不退且維持地位）的難度更高。

名句可以這樣用

本句的哲學基礎來自《易經》「日中則昃，月盈則虧」，相對的則是「剝極而復，否極泰來」，也就是「樂觀不可天真，悲觀不可喪志」。

百姓安則樂其生，不安則輕其死

名句的誕生

天下有危機，禍福因之而生，機靜[1]則有福，機動[2]則有禍，百姓是也[3]。百姓安則樂其生[4]，不安則輕其死[5]，輕其死則無所不至，祅[6]逆乘釁[7]，天下亂矣！

～〈唐紀〉

完全讀懂名句

1. 機靜：危機平息。
2. 機動：危機發生。
3. 百姓是也：禍、福全看百姓如何。
4. 樂其生：享受生命的樂趣。
5. 輕其死：不在乎死亡（活著沒意思）。
6. 祅：同「妖」。
7. 乘釁：藉著危機發生而起。

語譯：天下發生危機，國家的禍福因此而生，危機平息就是國家之福，危機啟動就是國家之禍，而危機的「動與靜」則看人民的生活。老百姓生活安定就樂於正常生活，老百姓生活不安定就不在乎死亡，不在乎死亡就什麼事都做得出來，那些妖孽、叛逆就有機可乘，天下就亂了。

名句的故事

武則天時代一位低階公務員（麟臺正字，九品官，相當今日的祕書處校對員）陳子昂向武則天提出本文的上疏，疏奏中更提醒：「隋煬帝不明白天下會發生危機的道理，而相信貪佞之臣（對皇帝說天下無事），終於滅亡！」

武則天稱得上是一位英明的女皇帝（重用特務是另一層面的問題），她甚至可以欣賞為叛軍（徐敬業）起草檄書的駱賓王。但是，陳子昂的上疏卻未受到重視。

懷才不遇的陳子昂於是請命隨軍出征，加入了武攸宜遠征契丹的軍團。武攸宜兵敗，陳子昂請求撥一萬人交給他，發動逆襲以扭轉戰局，武攸宜非但不答應，還認為陳子昂看不起他，將陳子昂由參謀降為士官。

陳子昂最有名的一首詩〈登幽州臺歌〉：「前不見古人，後不見來者。念天地之悠悠，獨愴然而涕下。」充分顯示了他懷才不遇的心境。

歷久彌新說名句

老百姓生活不安定而造成國家的災難，歷史上血跡斑斑：王莽時「四方皆以飢寒窮愁，起為盜賊」，農民變成盜賊實在是不得已，所以「常思歲熟，得歸鄉里」；隋煬帝時「百姓困窮，財力俱竭，安居則不勝凍餒，剽掠則獲得延生，於是始相聚為群盜」。

至於陳子昂所稱「祆」、「逆」，就是歷代的流寇，社會主義者稱之為「農民起義軍」，例如：王莽時的「赤眉」、東漢的「黃巾」、隋朝的竇建德、唐朝的黃巢、北宋的方臘、元朝的劉福通、明朝的李自成等，都稱得上「乘釁」而起的豪傑人物。

不明白「百姓輕其死則無所不至」是國家最大危機，以致於貽誤事機，造成不可收拾大亂的例子，是明朝崇禎年間巡撫陝西都御史胡廷宴，當各縣報來「飢民為盜」，他老爺杖責通報者，說：「這些只是飢民，不久就自然安定了。」於是官府不敢再報，而盜匪得悉情狀，越發猖狂，由劫糧升高為劫獄，最後攻打州縣，釀成流寇巨禍。

名句可以這樣用

再次體會《管子》名言：「民富則易治也，民貧則難治也。」可恨糊塗的領導人從來聽不進去！

知用兵之術，不知爲天下之道

名句的誕生

蓋莊宗[1]善戰者也，故能以弱晉勝強梁[2]，既得之，曾不數年[3]，外內離叛，置身無所。誠[4]由知用兵之術，不知為天下[5]之道故也。

～〈後周紀〉

完全讀懂名句

1. 莊宗：後唐莊宗李存勗。
2. 以弱晉勝強梁：晉王李存勗滅後梁，建立後唐，之前梁強而晉弱。
3. 不數年：沒幾年。後唐紀莊宗僅三年。
4. 誠：實在。
5. 為天下：治理天下。

語譯：後唐莊宗是一位善戰的國君，所以能以弱勢的晉王國戰勝相對強大很多的後梁帝國。但是在得到天下（其實只有中原地區）之後沒幾年，外離（南方諸王國獨立）內叛（魏州兵變），最後搞到自己沒有寄身之地。實在是因為他懂得用兵之術，卻不懂治理天下之道的緣故。

名句的故事

本句是司馬光評論五代兩位武功卓越的皇帝「孰賢」時，對後唐莊宗李存勗的評語。

李存勗是李克用的兒子，李克用在唐末封晉王，與梁王朱溫是世仇。朱溫篡唐建立後梁，晉王始終不曾稱臣，直到李存勗滅後梁。

李存勗建國三年而亡，一個原因是軍隊不得休息，叛變軍隊的怨言是「十年衣不解甲，馬不卸鞍」；另一個原因是他的皇后劉夫人既貪婪又小氣，這是司馬光未提及的因素。

李存勗「劇終」那一幕：叛兵攻入皇城，只剩十餘位軍校保護皇帝、皇后力戰，李存勗中了流矢，隨從扶他到門樓下，抽出箭矢，口渴討水喝。劉皇后此時居然吩咐宦官拿酪（乳漿）給皇帝喝，這是中金創（受鐵刃傷）患者的大忌，李存勗喝下那碗酪就駕崩了。柏楊寫這一段歷史故事的標題是「活該他喝酪漿」——誰教你立這麼一個皇后？

司馬光評論的另一位皇帝是後周世宗柴榮，他是五代十國分裂局面的收拾者，如果他不是英年早逝的話，後來統一中國的應該是他而不是趙匡胤兄弟（宋朝）。司馬光對他的評價遠高於李存勗，引用《書經》「大邦畏其力，小邦懷其德」來稱讚他。

歷久彌新說名句

改朝換代最常見的兩種模式：一種是篡奪（可是要包裝成「禪讓」），另一種就是「槍桿子裡出政權」。篡奪來的政權缺乏正當性，可是由於篡位者當時已經掌握大權，所以政權穩定性非常高；槍桿子裡出政權，無論是強藩兵變，還是群雄逐鹿，得了天下之後，最怕就是仍然用打天下的方式治國，很多短命王朝就是因為統治者只會打仗，卻無治國之道。

陸賈對漢高祖劉邦說的那一句：「馬上得之，寧可以馬上治之乎？」正是針對這個問題的最中肯評論。

通常「馬上得之」的開國君主都不懂「為天下之道」，必須充分授權給宰相，才能穩住大局。自己一手打下天下，又能英明領導的只有兩位：漢光武帝劉秀與太宗李世民。

名句可以這樣用

本文中所稱「強梁」意指「較強的後梁帝國」，與做「粗暴蠻橫」解釋的「強梁」意思不一樣，切莫混淆。

足寒傷心，民怨傷國

名句的誕生

今淮南[1]為仇讎之國，番禺[2]懷吞噬之志，荊渚[3]日圖窺伺，溪洞[4]待我姑息。諺曰：「足寒傷心，民怨傷國。」願罷輸米之令，誅周陟[5]以謝郡縣，去不急之務，減興作[6]之役，無令一旦禍敗，為四方所笑。

～〈後晉紀〉

完全讀懂名句

1. 淮南：十國之一的南唐。
2. 番禺：十國之一的南漢。
3. 荊渚：十國之一的南平。
4. 溪洞：十國之一楚國的西方山區蠻族。
5. 周陟：楚國官員，提出「各郡縣增加貢米」政策。
6. 興作：土木工程，通常指興建宮殿。

語譯：如今的外在形勢，東方有南唐這個世仇，南方有南漢經常入侵，北方有南平意圖不軌，西方的蠻族則期待政府姑息他們（不接受統治）。俗話說：「腳部寒冷會傷害心，人民怨恨會傷害國。」（人民是國家的根本，猶如腳是身體的根本，而增加地方貢米會造成民怨）希望廢止郡縣增加貢米的命令，誅殺周陟以向各郡縣謝罪，停止不急之務，減少興建宮殿，以免一旦發生禍事，反讓四方的敵人偷笑。

名句的故事

五代十國的楚文昭王馬希範好大喜功，又窮

奢極欲。鑄造超大的長槍與槊，用金箔裝飾，只能裝腔作勢，卻不能做任何用（俗話「銀樣蠟槍頭」的由來？），更為此招募富家少年，挑選八千人，成立「銀槍都」部隊又興建九龍殿，用沉香木雕刻八條巨龍，每條都長十餘丈（三三〇公分以上），馬希範自己坐在當中，戴一頂帽子，帽帶二、三十公分象徵龍角，湊成「九龍」。

如此揮霍無度，皇家府庫不足，於是馬屁精周陟建議，在正常稅捐之外，大縣每年進貢稻米兩千斛、中縣一千斛、小縣七百斛，不產米的縣可以進貢布帛。

本文是楚國天策學士拓跋恆上書進諫的主要論點，馬希範為之大怒，拓跋恆私下發牢騷，馬希範下令「終身不接見」。

歷久彌新說名句

拓跋恆引述的「諺」，可不是普通俗諺，語出《黃石公素書》，也就是傳授給張良的《三略》。雖然後世考據那是偽托黃石公的兵法，但無損於其價值。原文是：「足寒傷心，人怨傷國；山將崩者土先隳，國將衰者人先斃；根枯枝朽，人困國殘。」三句意思一致：人民是國家的根本，人民生活困苦，國家（君主）就慘了。

中國的五行哲學可以對應到人的五官、五臟，以及五色、五味、四季等。而中醫學稱「心」者，不單指心臟一個器官，而是指一個系統（大致是西醫所稱的循環系統）。因此，「足寒傷心」意思是「腳部保暖不做好，會傷害心系統」。

名句可以這樣用

本句與「民為邦本，本固邦寧」同為儒家民本思想的名言之一。「民為邦本，本固邦寧」是正面陳述，「足寒傷心，民怨傷國」則是反面警句。

舉大事者不顧家

名句的誕生

凡舉大事[1]者不顧家，且多是驅逼[2]，今忽誅其室累[3]，正足堅彼意耳！

～〈宋紀〉

完全讀懂名句

1. 舉：發動。舉大事：發動爭天下的戰事。
2. 驅：驅使。逼：迫。驅逼：被迫參與。
3. 室：家。室累：家族的牽絆。

語譯：凡是參與爭天下偉大事業的人，通常顧不得自己的家族安危（否則就不參加了），況且其中多半是被逼迫參加的。如今忽然誅殺他們的家族，等於讓他們不再有所顧慮，正足以堅定他們的意志而已！

名句的故事

南北朝時，南方宋帝國發生太子弒父事變，宋文帝劉義隆被太子劉劭殺害，武陵王劉駿（文帝第三子）起兵「討逆」。劉駿最倚重的文書官顏竣負責起草檄文，而他的父親顏延之當時在京城建康做官（太常）。弒父奪君的劉劭出示檄文給顏延之看，問他說：「這是誰的手筆？」顏延之回答：「是顏竣的手筆。」劉劭問：「怎麼把我寫得如此不堪？」顏延之回答：「顏竣連老爸死活都不顧了，哪還考慮陛下？」

劉劭又想要將雍州、荊州、江州（響應劉駿起義的州縣）人士僑居建康的家族人口殺光，因而有人對他做出本文之勸諫。

顏竣正是「舉天下者不顧家」，而三州士民家口則是起義軍的「室累」。

事實上，顏竣是劉駿面前第一紅人，劉駿在行軍途中患重病，不接見將領與幕僚，只有顏竣一個人得以進出寢室，命令都由他宣達——絕非「受驅逼」。

後來劉駿取得勝利，成為宋孝武帝，顏竣官居「吏部尚書領驍騎將軍」，文武大權一把抓，而顏延之也做了金紫光祿大夫（位高權不重）。但是，顏延之心裡明白，這個兒子為了追求權力，可以完全不顧老爸死活，所以，對兒子的孝敬物資一律不受，穿布衣、住茅屋，出外乘坐老牛拉的破車。並且經常教訓顏竣：「你從糞土之中，上升到雲霞之上，卻以富貴、地位傲人，豈能長久保持！」

此話一語中的：為什麼參與革命（造反）的人可以不顧家人死活？就因為自己可以一步登天啊！

歷久彌新說名句

五代十國後晉帝國天雄節度使范延光叛變，朝廷派出好幾路討伐軍，其中一路的統帥張全賓倒戈加入范延光陣營。張全賓部隊被中央軍打敗，部將李彥珣受范延光之命防守廣晉城，中央軍強迫李彥珣的母親到城下招降，李彥珣抽箭射殺母親。

後來范延光投降，仍封天平節度使，從者一律不追究，李彥珣更被任命為坊州刺史。後晉官員奏請「李彥詢殺母，逆不可赦」，但是後晉皇帝石敬塘說：「赦令已經頒布，不可以改了。」

名句可以這樣用

參與爭天下的大事，成則為王，「利潤」豐厚，所以「不顧家」可以理解。但是親手射殺母親則不可理解，司馬光對此評論：「彥珣之惡，三靈（天神、地祇、人鬼）所不容。」

治國譬如治家，耕當問奴，織當訪婢

名句的誕生

治國譬如治家，耕當問奴，織當訪[1]婢。陛下今欲伐國，而與白面書生輩謀之，事何由濟[2]！

～〈宋紀〉

完全讀懂名句

1. 訪：詢問。
2. 濟：完成、成功。

語譯：拿治家之道做治國的譬喻，耕作的事情要問家奴，紡織的事情要問婢女。陛下現在要討伐敵國，卻與這幾個白面書生研究，大事怎麼能成呢！

名句的故事

南北朝南方宋文帝劉義隆想要發兵攻打北魏，幾位近臣徐湛之、江湛、王玄謨等都附和皇帝意見，左將軍劉康祖不敢直言反對，只說「歲末不宜，等明年再出兵」。只有名將沈慶之說：「我方擅長步戰，對方擅長騎戰，以前檀道濟、劉彥之北伐都失利，如今兵力並不比以往強盛，戰事恐怕不樂觀。」宋文帝仍然雄心勃勃，沈慶之堅持不可，文帝辯他不過，教徐湛之和江湛跟沈慶之辯論。沈慶之就說了本文這一番話，且「奴、婢」多少有諷刺徐、江兩人為馬屁精的意味。

北魏太武帝拓拔燾聽到消息，寫一封信給劉義隆，內容包括：「要來不來隨你意，來亦不迎，去亦不送」、「送你獵馬十二匹以及一些藥物，如果路遠你的坐騎不夠力，就騎我送的馬，如果水土不服，可以服用我送的藥」，完全不把南軍放在眼裡。

戰爭開打，南軍主力部隊王玄謨出師不利，大敗而回。負責督戰的蕭斌原本想固守陣地，沈慶之力言不可，但是朝廷下詔不准撤退，沈慶之說：「將在外，君命有所不受。詔命遠從京城而來，不清楚現勢。」蕭斌與在坐其他人都笑沈慶之「掉書袋」，沈慶之厲聲說：「你們雖然書讀得比我多，但卻不如我聽來的學問，卻實際可行。」

這一場南北大戰的結果是南方慘敗，請和。太子劉劭請求殺徐、江兩人以謝天下，但宋文帝不同意。

歷久彌新說名句

唐憲宗下詔鄂岳觀察使柳公綽，要他撥五千軍隊給安州刺史李聽，以討伐叛變的淮西節度使吳元濟。柳公綽說：「朝廷認為我是個文弱書生，不懂軍事嗎！」上疏請求親自率軍出征，憲宗批准。

柳公綽領軍到了安州，李聽全副戎裝參見柳公綽。（李聽是名將李晟之子，此舉有示威成分在內。）柳公綽當眾交付李聽任務，精選六千人馬交給李聽，並且告誡部將：「軍事行動由李聽全權決定。」柳公綽令出必行，部將唯命是從，李聽受到感染，對柳公綽奉命唯謹。

名句可以這樣用

沈慶之的故事說明了「書生空言軍事」會造成國家的災難；柳公綽的故事則說明了「讀書人也可以帶兵帶得很好」。

無論如何，本句用做「尊重專業」之意，的確非常貼切，相反句則是「外行領導內行」。

去河北賊易，去朝廷朋黨難

名句的誕生

時德裕[1]、宗閔[2]各有朋黨[3]，互相擠援[4]。上[5]患之，每歎曰：「去河北賊[6]易，去朝廷朋黨難。」

～〈唐紀〉

完全讀懂名句

1. 李德裕：「牛李黨爭」之李黨領袖。
2. 李宗閔：「牛黨」之領袖，另一領袖為牛僧孺。
3. 朋、黨：意思相同，專指政治上的同道結合。
4. 擠援：非同黨則排擠，同黨則相援。
5. 上：唐文宗。
6. 河北賊：黃河以北諸道節度使，不聽唐中央政府指揮，故稱之為「賊」。

語譯：那時候，李德裕和李宗閔各自結黨，排擠異黨、支援同黨，唐文宗（李昂）深以為憂，常常嘆息說：「消滅河北那些不聽命的軍閥還容易些，消滅中央政府裡的派系真難！」

名句的故事

牛李黨爭持續（為禍）四十年，起因是新科進士牛僧孺、李宗閔在殿試策對時譏諷宰相李吉甫，都得到很高的評分。李吉甫乃向當時皇帝唐憲宗哭訴，憲宗將兩位主考官撤職。從此，牛僧孺、李宗閔與李吉甫的兒子李德裕展開了長期鬥爭，雙方陣營輪流擔任宰相。被罷黜者外放出任節度使，同黨則在朝廷中繼續鬥爭，鬥贏了就召回派系領袖再擔任宰相。

唐憲宗「元和中興」曾一度讓全國藩鎮臣服，聽命於朝廷，但是就因為中央政府內的黨爭激烈，同黨做什麼都是對的，異黨怎麼做都是錯的，只有黨同伐異，沒有政策是非，中興局面遂為曇花一現。到唐文宗這一「嘆」時，已經黨爭了二十多年，河北諸藩已由「臣」變成「賊」，再往後十幾年，牛李兩黨都老了、鬥不動了，「河北賊」卻已經坐大，最終篡了唐朝。

歷久彌新說名句

司馬光在這一段記載的後頭評論詳見「君子小人不相容，猶冰炭不可同器」一章，而他在那一段的末尾結論「是猶不種不芸而怨田之蕪也」，意思是說：唐文宗只會坐著嘆氣，好比不耕不耘卻抱怨田地長滿雜草啊！

事實上，朋黨的形成，有一大部分的責任確實應歸於皇帝。

唐朝的中央政府結構是三省制：中書省出令、門下省審駁、尚書省執行，其目的就在於不讓權力集中於宰相一人之手，這種讓臣子相互制衡的制度設計，有利於君主集權。但是皇帝一個人難以裁決萬機，於是唐太宗乃設「政事堂」，除三省首長外，副首長也可能被指定參與，通稱為「同平章事」，也就是實質宰相職。

同平章事的人數一多，彼此間就容易結黨，以張己方聲勢，朋黨就形成了。

皇帝有心利用，當權宦官巧妙操縱，再加上同鄉、同榜之間的「拉關係」風氣，是形成黨爭的三大因素。

名句可以這樣用

「……易，……難」句型很好用，且很有強調效果。例如南宋抗金名將岳飛，就讓金兵感嘆：「撼山易，撼岳家軍難。」總之，前一項必須是非常「不易」，然後更顯得後一項「尤難」。

物不極則不反，惡不極則不亡

名句的誕生

物不極則不反，惡不極則不亡。朱氏[1]恃其詐力，窮凶極暴，吞滅四鄰，人怨神怒。今又攻逼乘輿[2]，窺覦[3]神器[4]，此其極也，殆[5]將斃矣！

～〈唐紀〉

完全讀懂名句

1. 朱氏：朱全忠。
2. 乘輿：皇帝御駕。乘：音ㄔㄥˊ。
3. 覦：非分的企圖。
4. 神器：指皇位。
5. 殆：接近、大概。

語譯：事情不發展到極點，不會反彈；惡行不進行到極致，不會滅亡。朱全忠仗著他的詐術與兵力，凶暴無比，併吞掉他四周的鄰居，已經使得人神共憤。如今又欺侮皇上，覬覦寶座，這正是達到極點了，大概距離滅亡不遠了吧！

名句的故事

晉王李克用被梁王朱全忠打敗，退守河東，而且勢力範圍日益受壓縮，憂形於色。他的兒子李存勗勸慰老爸「朱全忠快亡了」，要老爸耐心韜光養晦，等待朱全忠衰敗，否則主帥憂形於色，徒然打擊士氣而已。

李克用的正室劉夫人沒有生兒子，李存勗是寵姬曹氏所生，劉夫人親自收養，視如己出。李克用後來頭上長了一個瘡，病況眼看不治，就交代弟弟李克寧、監軍張承業等人，立李存勗為太子，說：「我這個兒子志氣遠大，必定能夠光大我們家的事業，你們好好教導他。」

李克用過世，李存勗繼任晉王。朱全忠當時已經篡唐，建立梁帝國（史稱後梁太祖），認為有機可乘，派大軍包圍潞州（總部上黨）。李存勗召集諸將說：「朱溫（朱全忠本名）聽說我剛即位，一定輕視我『小孩子不懂軍事』，會生出驕怠之心，如果我們精選有戰力的部隊，急行軍前往攻擊，出其不意，一定可以打敗梁兵。建立霸業在此一舉，機不可失。」於是打了一場漂亮的突襲，梁軍敗師回到洛陽向朱全忠報告，朱全忠大驚，嘆氣說：「生子當如李亞子（李存勗小名亞子），我最終要輸給李克用，我的兒子跟李存勗相比，只是一群豚犬罷了。」

朱全忠死後十一年，李存勗滅後梁，建立後唐帝國。

歷久彌新說名句

李存勗對李克用說的話，基本上是勸慰老爸，因為當時朱全忠的勢力正如日中天，距離「太陽下山」還早得很。

而李存勗這番話卻很能讓李克用聽進去，因為正合「多行不義必自斃」的典故：春秋時，鄭莊公的弟弟叔段得到母親的撐腰，造反的意圖愈來愈明顯。莊公的臣子都主張採取行動，但是莊公一直要他們忍耐，說：「多行不義必自斃，時候到了，就會害到他（叔段）自己，你們再等一等。」等到叔段準備出兵造反，莊公卻先下手為強，叔段逃亡國外——等待對手露出破綻，不是姑息，是準備好、俟機而動。

名句可以這樣用

我們都會用「物極必反」成語，但是很少對之做逆思考——物不極則不反，壞人還沒惡貫滿盈（惡極）之前，就還不會滅亡。

資治通鑑續編

賞罰分明

有功必賞，有罪必罰

名句的誕生

有功必賞，有罪必罰，則為善者日進[1]，為惡者日止[2]。

～〈陳紀〉

完全讀懂名句

1. 進：增加。
2. 止：減少。

語譯：對於有功的人一定給予獎勵，對於有罪的人必定給予懲罰，那麼，做對事情的人就會一天天增加，做錯事的人就會一天天減少。

名句的故事

南北朝北周武帝宇文邕視察太學，行古禮，由太傅于謹擔任「三老」（教育指導席），皇帝親自迎接于謹入太學，向他獻上食物，最高行政與軍事首長太師宇文護、大司馬豆盧寧陪侍。用餐畢，皇帝向三老請教治國之道，于謹起立回答，說了四件事：一、皇帝虛心納諫，才能知道為政得失，天下才能平安；二、可以沒有糧食，可以沒有軍隊，但不可以沒有信用，希望陛下信守承諾，不要食言；三、就是本文所說的信賞必罰；四、言行合一是立身之基，希望陛下三思而言，九慮而行，不要讓言行有失。天子之過如日月之蝕，每個人都看見，請格外謹慎。

這一套儒家古禮，《資治通鑑》特別予以記載，宋文史學家胡三省注解：歷代只有東漢明帝與北周武帝實行過。

歷久彌新說名句

北周的始祖宇文泰是西魏大丞相，他致力於塑造關中地區的文化正統地位，因為周朝興起於關中，就根據周禮建立官制，以此提高漢人世家大族的向心力。他的兒子宇文覺篡西魏，就以「周」為國號，維持宇文泰一貫的「關中文化正統」大戰略，並建立了一個胡漢融合的關隴集團。宇文邕是宇文覺的弟弟，繼位後依然遵守老爹的戰略路線，而這個大戰略正是後周能夠滅北齊、滅陳、統一全國的最大號召。

然而，于謹「教導」宇文邕的四項治道當中，三項都是儒家思想，只有本文這一項「有功必賞，有罰必罰」是法家思想。

事實上，中國帝王術的集大成之作當屬《韓非子》，而韓非最強調的「二柄」就是刑與賞，這兩項「統御武器」人君必須緊緊握在自己手中，如果落入臣子之手，那就是「授人以柄」，皇帝的威信也就難以維持了。宇文氏能夠篡西魏，就是因為掌握了西魏政府的生殺之柄，而北周後來被楊堅（隋文帝）篡位，也是因為「二柄」落入了楊堅之手。

賞罰二柄是政權的必要條件，但是一個政權要想長治久安，卻得做到信賞必罰。信賞必罰又有兩個要點：一、只要有功就不能不賞、有罪則不能不罰，而且要立即賞、立即罰，時間拖久了，賞罰的效果都會打折扣；二、賞罰要有標準，不可因人而有輕重（可對照正編第一四六頁「雖讎必賞，雖親必罰」來看）。

名句可以這樣用

于謹傳道的四項，又可以簡約為「誠」與「信」二字，虛心納諫是「誠」，其他三項都是「信」。事實上，也就是孔子說的「足食足兵，民信之矣」——一個國家富強的必要條件是「食與兵」，但前提是領導人的誠信。

無賞無罰，雖堯舜不能爲治

名句的誕生

炳之[1]蹈罪負恩，方復[2]有尹京[3]赫赫之授，乃更成其形勢也。古人云：「無賞無罰，雖堯舜不能為治。」……歷觀古今，未有眾過藉藉[4]、受貨[5]數百萬，更得高官厚祿如炳之者也。

～〈宋紀〉

完全讀懂名句

1. 炳之：人名，庾炳之，宋文帝寵臣。
2. 方復：反而。
3. 尹京：丹楊尹，南朝首都市長。
4. 眾過藉藉：眾人指控歷歷。
5. 受貨：受賄賂。

語譯：庾炳之犯了大罪辜負皇恩，反而授給權勢更大的官職丹楊尹，將更助長他的氣燄。古人說：「有功不賞、有罪不罰，即使在堯舜時代也無法治理國家。」……翻遍古今歷史，從來沒有像庾炳之這種眾人指控歷歷、收賄數百萬，卻還得到高官厚祿的例子。

名句的故事

宋（劉宋）文帝寵信庾炳之，一路拉拔升官擔任吏部尚書。這個職位負責選任官吏，但是庾炳之卻不學有術，於是不以才能為選官條件，而以收受賄賂為任官要件。甚至將兩位令史（吏部高級官吏）留宿私宅，也就是方便講「體己話」，遭到監察官員的糾正。宋文帝有意放庾炳之一馬，尚書僕射（實質宰相）何尚之奏：「庾炳之看到人家有燭盤、好驢子都要索求，選官不公平案件非三言兩語能述說。交結朋黨、顛倒是非、敗亂風俗，就差沒有造反而已。即使不治他的罪，也該逐出尚書省（中央政府）。」

於是宋文帝有意「外放」庾炳之擔任丹楊尹，這個職位相當於首都市長兼衛戍司令，掌握人民生殺大權。因此何尚之再做前述本文之奏陳。宋文帝在南朝歷代皇帝中算是頭腦清楚的（史稱元嘉之治），聽了何尚之所奏，就免了庾炳之的官，改派別人為丹楊尹。

歷久彌新說名句

唐肅宗時，安史之亂尚未平定。有一個將軍王去榮殺了他本縣的縣令，肅宗考量王去榮很會操作石砲，下令免他死罪，以「白衣」（平民身分）在陝郡效力。

這道命令引致朝中大臣議論。中書舍人賈至認為：「陛下若以砲石一項技能，就免王去榮死罪，那麼，各部隊裡有一技之長的人都會受此鼓勵而犯法，將何以防止？若只赦王去榮而誅殺其他人，豈不是誘人觸罪？如今若可惜一個王去榮，將來有可能要殺十個像王去榮一樣具有才能者，豈不是國家的損失？」

太子太師韋見素認為：「法律是天下共同遵守的大典，陛下是天下之主，愛惜萬民沒有親疏之分。如果保一個王去榮，而失去萬姓（全國人心），又有什麼好處呢？況且，軍中法律更需嚴肅，『有恩無威，慈母不能使其子』，國家厚養軍隊卻一再打敗仗（指安史之亂官兵不敵叛軍），正是因為法律的威信蕩然之故！」

然而，唐肅宗並未接受群臣意見——姑息，正是後來藩鎮割據、不甩朝廷的積因之一。

名句可以這樣用

「賞罰」與「恩威」正是一體的兩面，賞罰運用得不好，領導人就沒有恩威可言。推而言之，老師教育學生、父母管教孩子，乃至於公司、團體之管理，第一要務就是「明於賞罰」。

軍無賞，士不往

名句的誕生

農[1]以燕王垂[2]未至，不敢封賞將士。趙秋[3]曰：「軍無賞，士不往。今之來者，皆欲建一時之功，規[4]萬世之利[4]，宜承制封拜，以廣中興之基。」農從之，於是赴者相繼；垂聞而善[5]之。

～〈晉紀〉

完全讀懂名句

1. 農：慕容農，前燕皇族。
2. 垂：慕容垂，前燕文明帝慕容皝之子，後燕開國王（成武帝）。
3. 趙秋：慕容垂帳下大將。
4. 規：圖、謀求。建一時之功，規萬世之利：把握眼前機會，圖謀萬世封侯的事業。
5. 善：嘉許。

語譯：（慕容垂起兵，稱燕王於滎陽。慕容農逃出前秦鄴都，號召部眾數萬響應）慕容農因為燕王慕容垂尚未前來會合，不敢擅自封賞將士。趙秋進言：「軍隊得不到封賞的激勵，將士就缺乏赴戰殺敵的動力。如今前來響應大舉者，莫不都是想要藉這個大好機會，一舉成功，圖個封侯庇蔭子孫的事業。我建議以燕王名義封官拜將，以擴大燕國中興的基礎。」慕容農採納這項建議，於是前來響應者相繼不絕；慕容垂聽說後，大為嘉許（並未怪罪慕容農擅權）。

名句的故事

苻堅在淝水之戰遭到慘敗，統治結構脆弱的前秦帝國迅速瓦解，第一個起兵的就是鮮卑慕容氏。

前秦派大將石越率軍討伐慕容農，慕容農說：「石越大軍不向南抵禦燕軍主力，而對著我來，是畏懼大王（慕容垂）而以為我好欺侮。所以必然疏於設備，可以用計克之。」

但是將領們害怕石越大軍，所以多有主張守城以待燕王援軍者。慕容農說：「善於用兵的人，以心結合將士，如今義兵大舉，就該以殺敵為目標，以山河為域池，守城能有啥作為？」於是列陣以待。

前秦軍隊到達，雙方第一回合接觸，趙秋擊破秦軍的先鋒部隊，於是石越在陣地四周建立木柵，採取守勢。燕軍牙門將劉木請求率先攻擊營柵，慕容農笑著說：「凡人見到美食，誰不想要吃，怎麼可以讓你獨食？但是看你猛銳可嘉，就派你為先鋒吧！」劉木率領精銳四百人翻越營柵而入，秦兵大敗，斬石越首級，送至慕容垂軍中。

由此可見，慕容農軍中多得是想要「建一時之功，規萬世之利」的角色（如劉木），而若非慕容農聽取趙秋建議，給予來歸者封賞，恐怕燕軍士氣不會如此高昂。

歷久彌新說名句

「軍無賞，士不往」針對的是如前述故事那樣的非常時期，為的是「建一時之功，規萬世之利」。如果平常時期正規軍也要賞銀才肯上陣，那種軍隊肯定戰力不堪一擊。

清朝太平天國起義之初，清軍八旗、綠營都不堪一擊。其中最有戰力的向榮部隊在每次上陣之前，每卒要發賞銀一兩。後來發不起了，想要減為每人三錢，當天夜裡軍隊譁變，於是不敢減少。但向榮部隊不久就被太平軍擊潰了。

後來還是曾國藩的湘軍打贏了太平軍，而湘軍的建軍宗旨就不是謀求封侯拜將，而是保衛鄉梓。然而，等到太平天國剿滅，湘軍、淮軍成為清軍主力，新募之勇又要比正規官兵俸餉更高，才募得到兵了！

名句可以這樣用

「重賞之下必有勇夫」和本句旨趣相同。差別在於：本句側重非常時期之軍隊，而「重賞之下必有勇夫」適用範圍更廣。

赦者小人之幸，君子之不幸

名句的誕生

古語有之：「赦者小人之幸，君子之不幸」、「一歲再赦，善人喑啞[1]」，夫養稂秀[2]者害嘉穀，赦有罪者賊[3]良民，故朕即位以來，不欲數赦，恐小人恃之輕犯憲章[4]故也。

～〈唐紀〉

完全讀懂名句

1. 喑：失聲。喑啞：不敢出聲。
2. 稂秀：稂、莠都是雜草。本文的「秀」當是「莠」的假借。
3. 賊：害。
4. 憲章：法律。

語譯：古人曾說：「赦免是小人的幸運，是君子的不幸」、「一年之內兩度發表赦免令，將令好人不敢出聲（因為壞人當道）」。事實上，田裡的稗子很茂盛，就會妨害好的穀物生長，赦免有罪之人就會危害善良百姓。因此，我自即位以來，一向不願太頻繁地發布赦免令，就是擔心小人因此而心存僥倖、輕易觸犯法律啊！

名句的故事

這是唐太宗對近臣的一項談話，這類談話在《貞觀政要》中記載得比較詳細。唐太宗在此段言論之後還有一段：

從前劉備曾對諸葛亮說：「我與陳元方、鄭康成（兩人皆東漢末期名士）等人交往，經常接受他們指點為政之道，對於治與亂的原理說得非常透徹，但是其中並沒有大赦這一項。」所以，諸葛亮治理蜀漢帝國十年，未曾大赦而治績斐然。相反地，南梁武帝蕭衍每年好幾次大赦，最後仍然敗亡。

不僅太宗不輕赦，長孫皇后也理念一致。有一次長孫皇后病危，太子李承乾請求：「赦免囚徒，並度人出家為僧，祈求神祐。」皇后說：「死生有命，人力難以扭轉。如果修福可以延壽，我這輩子沒做過壞事；如果行善不能延壽，祈福又有啥用？大赦是國家大事，我怎麼可以攪亂國家的法律！」

歷久彌新說名句

古時候帝王宣布大赦天下，著眼於建立「仁德」形象。那是因為獄政黑暗，一入獄中就是「九死一生」，所以重點在司法公正與獄政尊重人權。

至於為什麼要建立仁德形象，通常是因為繼位的皇帝「信心不足」——年幼、旁系入嗣，甚至篡奪，為了「市恩（收買人心）」，乃宣布大赦天下。

武則天時代就曾多次大赦，當時一位名臣劉知幾「上書表陳四事」，其中第一項是「赦令不息，……為善者未蒙恩惠，作惡者獨承僥倖，古語說『小人之幸，君子之不幸』，指的就是這個啊！」；第二次則是「每次大赦罪犯，同時加官進爵，以示澤及君子，卻使得象板（五品以上）多於木笏（四品以下）」，成為大赦的副作用。

名句可以這樣用

與大赦類似性質的是「放生」。放生原本是基於慈悲心「有好生之德」，但是為了放生而去買魚苗，就有人專門去捕魚苗，於是形成「原本安生的魚苗之不幸」。

此外，若放生魚苗造成對溪流原生魚種之生態衝擊，就成了「放生魚苗之幸，原生魚種之不幸」——「××之幸」對比「××之不幸」，文章不難作喔！

法一動搖，人無所措手足

名句的誕生

有犯法不至死者，上[1]特命殺之。監察御史李素立諫曰：「三尺法[2]，王者所與天下共也；法一動搖，人無所措[3]手足。陛下[1]甫創洪業[4]，奈何棄法！臣忝[5]法司，不敢奉詔。」上從之。

～〈唐紀〉

完全讀懂名句

1. 上、陛下：唐高祖李淵。
2. 三尺法：古時以三尺竹簡登錄法律，後人以「三尺」、「三尺法」為法律代稱。
3. 措：放置。
4. 洪：同「宏」，大。洪業：大業。
5. 忝：自謙「能力不足」。

語譯：有人犯法罪不及死刑，可是唐高祖李淵下令要殺他。監察御史李素立進諫：「法律是統治者與天下人共同遵守的。法律一旦動搖（君主擅改法律），人民就連如何放置手腳都不知道了。陛下才剛剛創建帝王大業，為什麼要破壞法律威信？我擔任司法官，不敢接受這道命令。」李淵採納他的意見。

名句的故事

李素立自此得到李淵的另眼看待，監察御史的官階是從八品，李淵下令予以不次拔擢（跳過正八品），要人事單位派他一個七品的「清要官」（可以養廉且位置重要的職位），承辦人員擬上來「派雍州司戶」，李淵說「這個職位重要，可是難以保持清廉」，又擬「祕書郎」，李淵說「這個職位清而不要」，最後任命李素立擔任侍御史（從六品，連升四級）。

歷久彌新說名句

漢武帝時，杜周擔任廷尉（最高司法首長），刻意迎合皇帝的意思，皇帝不喜歡的人，杜周就羅織罪名，陷害下獄；皇帝想要維護的人，就想辦法開脫。

有人問杜周：「閣下擔任天下公平的重責，卻不依循三尺法，專門仰體上意，難道司法是這樣的嗎？」杜周回答：「三尺是打哪來的？從前的君王認為對的，就訂為『律』，後來君王認為對的，就訂為『令』，總之是皇帝視當時需要而訂定，何必一定拘泥古法呢？」

杜周說的是不是事實？是，因為人治時代誰有權就誰說了算，法律可以隨之而改。但是杜周說的道理對不對？不對，因為就如本文所說「法一動搖，人無所措手足」，人民的行為一旦無法規範，僥倖之徒就敢為非作歹，天下就亂了。

專制帝王集天下大權於一身，生殺予奪隨皇帝高興，所以很容易就會破壞法律，而且很容易就會出現如杜周這種酷吏，勇敢地充當皇帝的爪牙。

反而像李素立這種為了法律公平，勇於「不奉詔」的司法官，在史書中如鳳毛麟角，數量很少，但益顯其可貴。

漢文帝時，有人偷了高廟（祭祀漢高祖劉邦）供桌上的玉環，交付廷尉治罪，張釋之判「棄市」（死刑）。漢文帝認為應判「族誅」（殺全家），張釋之據法力爭：「法條如此規定，就該如此判決。否則對盜皇家陵墓的賊子，要怎麼判（沒有比族誅更重的刑罰）？」

名句可以這樣用

成語「手足無措」、「不知所措」都是由這個典故而來。此外，史書記載皇帝暴虐或特務橫行，常用「屏息重足」，也有「無所措手足」的意思。

取法於上，僅得其中；取法於中，不免爲下

名句的誕生

汝[1]當更求古之哲王[2]以為師，如吾[1]，不足法[3]也。夫取法於上，僅得其中；取法於中，不免為下。

～〈唐紀〉

完全讀懂名句

1. 汝：太子李治。吾：唐太宗自稱。
2. 古之哲王：古代賢君如堯舜禹湯。
3. 法：效法、學習。

語譯：你應該向古代的賢君如堯舜禹湯等學習，我的作為不值得你效法。要曉得，效法高等的榜樣，也只能做到中等而已；如果效法中等的榜樣，就難免成為下等了。

名句的故事

唐太宗最初立太子李承乾，但是李承乾品行不端，被太宗廢掉，另立李治為太子。由於李治個性闇弱，才能差老爸太多，所以太宗對他的教誨特別多，甚至寫了一本《帝範》給李治當「皇帝守則」，一共十二篇：君體、建親、求賢、審官、納諫、去讒、戒盈、崇儉、賞罰、務農、閱武、崇文，並對太子說：「做為一個國家領導人，修身治國的道理都在這裡面了。一旦我有個三長兩短，也沒有更多的話交代。」

至於自己哪些行為不足取法，唐太宗指的是「錦繡珠玉、宮室臺榭、犬馬鷹隼、行遊四方」這些舖張行為。

事實上，唐太宗堪稱中國歷史上最英明的皇帝，後代領導人學他也學不像。做為一位四夷賓服的「天可汗」，其實有必要陳設一些足以展現「上國威儀」的陣仗。

但是李治（唐高宗）的IQ與EQ都差老爸太多，太宗深怕兒子只學到那些外顯的場面，將臣民俯從、四夷賓服視為當然，只追求享樂而不懂得為君之道，才如此一再耳提面命。

在本文之後，太宗更有語重心長的一段話：「你沒有我的功業與勤政，而承繼我的富貴，即使竭力做好，也不過讓國家維持安定而已，如果驕惰奢縱的話，可能連皇位都不保。」唐太宗的另一重用意：學習我的勤政愛民才是「取法於上」，李治也只能「僅得其中」，若學習好大喜功的一面，就是「取法於下」了。

唐高宗平安地當皇帝直到去世，但是政權在他生前就落入皇后武則天手中，差一點被太宗不幸言中，斷了李氏的皇祚。

歷久彌新說名句

唐太宗這番話成為教育格言，要學生向最好的榜樣學習，立最大的志向。因為我們多數都是中等才能的人，如果「取法於中」，就不免等而下之矣。

《論語・泰伯》曾子曰：「士不可不弘毅，任重而道遠。」曾子勉勵士人要「仁以為己任」，而且要「死而後已」。即使我們不求那麼偉大，至少也要期許自己可以擔當重任，並且規畫遠大的事業——最後如果「僅得其中」，也不枉此生了。

名句可以這樣用

常用的語法是「取法乎上，得乎其中；取法乎中，得乎其下」，有時還加一句「若取法乎下，則下且濫矣」。

父子兄弟罪不相及

名句的誕生

古者父子兄弟罪不相及[1]，奈何以亡秦酷法[2]變隆周[3]中典！且誅其父子，足累[4]其心，此[5]而不顧，何愛兄弟！

～〈唐紀〉

完全讀懂名句

1. 及：牽連、關連。
2. 亡秦酷法 春秋秦孝公用商鞅變法，首行連坐法。
3. 隆：興盛。隆周：相對前句「亡秦」。《周禮》：「刑平國，用中典，父子兄弟罪不相及。」
4. 累：牽絆，有後顧之憂。
5. 此：指「父子」。

語譯：古時候（周朝）的法律規定，父子兄弟犯罪不相連，怎麼可以用導致秦朝滅亡的嚴苛法律（連坐三族），來改變興盛周朝的中庸刑法呢！更何況，誅殺他（謀反者）的父親和兒子，已經足以形成嚇阻心理，如果連父子都不顧，那種人又豈會愛惜兄弟！

名句的故事

貞觀之治的全盛時期，刑部上奏，建議「謀反的連坐刑罰條例規定，謀反者的兄弟僅沒入官府為奴，似嫌太輕，應改為一律陪斬」。

唐太宗將這份奏章交付「八座」（相當今日行政院院會）討論，與會者一致認為「秦、漢、曹魏、晉的法律都規定『叛逆罪夷三族』，刑部的建議適當」。但是給事中（門下省掌封駁）崔仁師提出反對意見（如本篇名句內容）。

貞觀之治是歷史上最文明興盛且安定的時期，符合《周禮》「刑平國用中典，刑亂國用重典」所稱之「平國」（太平世），崔仁師的論點很有說服力，因而獲得唐太宗的採納。

歷久彌新說名句

法律的最高目標是「刑期無刑」，也就是以刑罰嚇阻人們不要犯罪，以免受刑。而「刑平國用中典，刑亂國用重典」則是視當時政治社會情況不同，在執法寬嚴方面的彈性。

然而，計畫總是跟不上變化。一方面盛世會變衰世、再變亂世，可是在位者不願承認自己治績不如前人，因而該用重典時，卻不用重典，無以嚇阻日趨澆薄的人心；另一方面則是，人君的權威感會日益滋長，馬屁精又無孔不入，於是「詔獄」日下，司法官揣摩上意而適法重判。這兩種相反的情形造成法律的威信日損，而政治干預法律、傷害法律無日或止，最終導致法紀蕩然——通常這就是亡國的先兆之一。

五代後晉高祖石敬塘（歷史上有名的「兒皇帝」）處理義成節度使符彥饒擅殺中央軍將領白奉進的案件，依後晉帝國的法律是要「夷三族」的（五代是亂世，不是太平世），但是石敬塘說：「符彥饒倉促成亂，他的兄弟並未通謀，依古法（指《周禮》），罪不相及。」

石敬塘所謂「依古法」只是「給個說法」，真正的理由是：符彥饒的兄弟符彥卿是後晉名將，石敬塘倚重甚深，殺不起！

名句可以這樣用

手握生殺大權的主宰者對於叛徒通常是「殺無赦」，而且為了避免報復，甚至會「斬草除根」。能夠做到「父子兄弟罪不相及」或「罪不及妻孥」，可算得上是仁慈的了。

愛之適足以傷之

名句的誕生

堯舜之父猶有朱[1]、均[1]之子。儻[2]有孩童嗣[3]職，萬一驕愚，兆庶[4]被[5]其殃，而國家受其敗。……與其毒害見[6]存之百姓，則寧使割恩[7]於已亡之一臣，明矣。然則向[8]所謂愛之者，乃適所以傷之也。

～〈唐紀〉

完全讀懂名句

1. 朱、均：堯的兒子丹朱、舜的兒子商均，皆不賢，因而堯禪舜、舜禪禹。
2. 儻：音ㄊㄤˇ，同「倘」，假使。
3. 嗣：繼承。
4. 庶：平民。兆庶：猶言「百姓」。
5. 被：受。
6. 見：同「現」。
7. 割：用法同「割愛」。割恩：捨棄恩典。
8. 向：以往、之前。

語譯：堯舜這樣好的父親尚且有丹朱、商均這樣的不肖子。倘使將來有個未成年的小孩繼承了世襲職務（刺史），萬一他驕傲或愚笨，老百姓受他的傷害，國家承擔他的劣績。……與其讓他傷害現在活著的百姓，寧可捨棄對死去臣子的恩典，這個道理是很明白的。而之前所謂「愛」他的，其實恰恰相反，是害了他。

名句的故事

唐太宗下詔：皇族及功臣得以襲封刺史（州長官），侍御史馬周認為不妥，本文就是他上疏的要點。馬周的建議是：皇族與功臣可以封給他們采邑，讓他們收田租，其中有才能的子弟則視能力、專長、性向而任官。這樣的話，皇族與功臣得以受到皇帝恩典，而他們的子孫可以長保福祿。

馬周的邏輯是：假使世襲的刺史幹得不好，老百姓先受害，然後朝廷必施予處罰，皇族或功臣的子弟反而「斷」了福祿。

歷久彌新說名句

戰國時，趙惠王過世，孝成王繼位，由趙太后攝政。秦國乘趙國國喪之際，發兵攻打趙國，趙太后遣使向齊國求援兵。齊國知道趙太后最寵愛小兒子長安君，就要求「送長安君到齊國充當人質，齊國才出兵」。趙國大臣請太后批准，太后態度堅決：「再有建議要長安君去當人質的，老娘我一定對著他的臉孔吐口水。」

左師觸龍（今本《戰國策》作觸讋，是錯的）求見太后。先做出腳有病、走不動的樣子，與太后聊了一段「老人經」。然後向太后表示「最小的兒子今年十五歲，請求賞他一個宮廷衛士的飯碗」。

太后問：「男人也會疼惜么兒嗎？」觸龍說：「比女人更疼。」太后笑了，說：「女人才疼得厲害呢！」於是觸龍切入主題：「追溯三代以前，趙國祖先（趙簡子、趙襄子）的子孫封爵的，還有繼續存在的嗎？」太后說：「沒有。」觸龍說：「正因為他們享受到很多，可是對國家沒有功勞，所以傳不到三代就沒了。今天如果不讓長安君有功於國家，他將來要如何面對國人。」趙太后聽懂了，當天就派長安君去齊國當人質，齊國也派出援軍，解了趙國之急。

名句可以這樣用

權貴、豪門子弟易驕縱，因為生下來就尊貴，得來太容易。所以，為了子孫而累積財富，往往是「愛之適足以害之」。

賞姦，非義也；殺降，非信也

名句的誕生

賞姦[1]，非義也；殺降，非信也。失[2]義與信，何以為國[3]？……蓋以既受其降，則不可復誅故也。若既赦而復逃亡叛亂，則其死固無辭矣！

～〈唐紀〉

完全讀懂名句

1. 姦：奸邪。
2. 失：違。
3. 為國：立國。強調思想、精神面。

語譯：獎賞奸邪之人，不符合公義；誅殺投降之人，不符合誠信。違反公義與誠信，政府將如何立國？……因為，既然接受他們的投降，就不可以再將他們誅殺。如果是已經赦免他們的罪，卻仍逃亡叛亂，那時候再行誅殺，就不會有任何雜音了。

名句的故事

唐武宗時，昭義節度使（鎮潞州，今山西長治）劉從諫過世，侄兒劉稹祕不發喪，更脅迫監軍崔士康奏稱「劉從諫病重，請派劉稹代理節度使（留後）」，武宗識破隱情，降詔「劉從諫到東都養病，劉稹入朝，另有重用」。想當然，演變成了軍閥與朝廷的戰爭。

最終結局是：劉稹撐不下去，親信董可武與大將郭誼、王協串連，先接收兵權，再砍下劉稹人頭，甚至屠殺劉稹家族，連襁褓中的嬰兒也不留，然後向朝廷輸誠。

在此之前，劉稹手下大將李丕向朝廷投降，朝廷中有意見認為「是故意詐降以誤導官軍鬆懈鬥志」，宰相李德裕說：「用兵半年至今未見投降者，如今還問什麼真的假的，重要的賞賜他，但不要賦予重任，不就得了！」

有了那次的「示範」，郭誼、王協、黃可武等乃向朝廷輸誠，以為可以圖個榮華富貴。這一次，李德裕對武宗說：「劉稹只是一個笨孩子，全是這一幫傢伙給他出主意，等到勢不可為，又出賣劉稹以求賞賜。這種人不誅殺，將來如何懲罰惡人。」於是，一干人等到了京師長安，一律處斬！

歷久彌新說名句

本文是司馬光對這一段歷史的評論，文中「……」部分是引述東漢光武帝劉秀在平定天下的過程中，非但沒殺王郎、劉盆子這些對頭，也不殺他們的部下大將，以此做為「不該殺降」的歷史見證。

然而，司馬光卻是書生之見。

軍隊在戰爭進行的過程中，所謂兵不厭詐，利誘（賞姦）、暗殺等手段都視情況而施為。且在戰爭未結束之前，殺降只會堅定對方將士死戰的決心，因此絕對不可笨到去殺降。

以唐朝當時的情況，朝廷與軍閥之間的關係其實仍然緊張，昭義的戰爭告一段落，其他藩鎮都睜大眼睛看朝廷如何處分：如果重賞「歸順」將領，各藩帥一定會對手下將領更加猜疑，而對朝廷的處分不滿，認為會鼓勵將領「賣主求榮」。李德裕的建議，應該有安撫藩帥的作用在內。

名句可以這樣用

「××，非○也；××，非○也」是一種很好套用的句型：「××」處填入行為，「○」處填入四維八德等德行，疊句格式更有加強效果。例如評論「學校竄改分數，卻讓學生美夢落空」時，可以用「作弊，非義也；硬拗，非智也；令家長痛心，非信也；令學生挫折，非仁也」。非常有力，不是嗎？

用人識人

疑則勿任，任則勿疑

名句的誕生

古人有言：「疑則勿任，任則勿疑。」裕[1]既委鎮惡[1]以關中，而復與田子[1]有後言[2]，是鬥之[3]使為亂也。惜乎，百年之寇[4]，千里之土，得之艱難，失之造次[5]，使豐鄗[6]之都復輸[7]寇手。

～〈晉紀〉

完全讀懂名句

1. 裕：劉裕。鎮惡：王鎮惡。田子：沈田子。三者皆人名，事見後文「名句的故事」。
2. 後言：私下交代。
3. 鬥之：挑撥他們互相鬥爭。
4. 寇：指胡人。百年之寇：西晉永嘉之禍（西元三一一年）迄此年（四一七年）計一百零六年。
5. 造次：倉促。形容事情發展快得措手不及。
6. 豐鄗：周文王都豐邑，周武王都鎬(「鄗」同「鎬」）京。豐鄗之都：指關中古代建都之地。
7. 輸：送。

語譯：古人說：「懷疑一個人就不要任用他，任用一個人就不要懷疑他。」劉裕既然將關中交付給王鎮惡，卻又私下交付沈田子任務，這是挑撥他們相鬥，塑造亂局。可惜啊，作亂一百年的盜寇、千里廣的疆土，得到是如此艱難，失去卻在倉促之間，使得關中這塊自古帝王建都的地方又送到盜寇手中。

名句的故事

東晉太尉劉裕北伐打進關中，任命自己年僅十二歲的兒子劉義真為雍州和東秦州刺史（關中地區有雍、梁、秦三州），由王鎮惡、沈田子、傅弘之等一干將領輔佐。

王鎮惡是王猛的孫子（王猛是前秦天王苻堅的宰相），關中地區不分漢、胡都懷念王猛，使得劉裕帳下的南方人將領都忌憚王鎮惡。

沈田子和傅弘之不只一次對劉裕說：「王鎮惡的老家就在關中，不可信賴。」劉裕私下對沈田子說：「俗話說，『一頭猛獸不如一群狐狸』，你們有十幾個人，哪怕一個王鎮惡？」

主文是司馬光在這一段之後的評論。果然在半年之後，沈田子誣殺王鎮惡，劉義真的祕書長王脩依法斬了沈田子，又半年，劉義真殺王脩，關中大亂，劉裕召回劉義真——關中地區拱手讓人。

歷久彌新說名句

戰國時，秦兵借道韓、魏以攻齊，齊威王派匡章為大將，抵禦秦兵。

秦、齊對陣，各自安營，雙方使者往來頻繁。匡章將一部分軍隊換成秦軍旗幟，混入秦軍陣營，於是探子立刻飛報齊威王「匡章率軍降秦」，威王沒有任何反應。不久，又有相同情報傳來，威王仍然不回應。第三次探子再報，大臣忍不住請求：「三個不同的情報來源都說匡章背叛，君王為何不發兵攻打？」威王堅定地說：「匡章不會背叛寡人。」果然，下一個探子報告「齊兵大勝，秦兵大敗」。

齊威王對匡章的信任不疑，足可讓劉裕羞愧。劉裕身為名將應讀過《戰國策》，卻不知效法。

名句可以這樣用

「用人不疑，疑人不用」是近代比較常用的名句，也更加白話。

妍皮不裹癡骨

名句的誕生

超恐為秦人[1]所錄[2]，乃陽[3]狂行乞。秦人賤之，惟東平公紹[4]見而異之，言於秦王興[4]曰：「慕容超姿幹瑰偉，殆非真狂，願微加官爵[5]以縻[6]之。」興召見，與語，超故為謬對，或問而不答。興謂紹曰：「諺云『妍[7]皮不裹癡[8]骨』徒妄語耳。」乃罷遣之。

～〈晉紀〉

完全讀懂名句

1. 秦人：後秦王國。
2. 錄：收、錄用。
3. 陽：佯、假裝。
4. 後秦羌族姚氏，東平公名姚紹，秦王名姚興。
5. 微：稍微。微加官爵：給個小官做。
6. 縻：羈縻、安撫。
7. 妍：美貌。
8. 癡：愚笨。

語譯：慕容超擔心被後秦錄用為官，就裝瘋賣傻乞食為生。後秦人都看不起他，只有東平公姚紹看出他不是凡品，對後秦天王姚興說：「慕容超的身材高大，面貌不凡，大概不是真狂，建議給他個小官做，將他綁住（不為敵國所用）。」姚興召見慕容超，與他對談，慕容超故意亂答（雞同鴨講），或全無反應。姚興對姚紹說：「俗語說『美麗的皮膚不會裹在愚笨的骨架外面』，看來是亂講的。」於是放過了慕容超。

名句的故事

前秦帝國在淝水大戰後分崩離析，鮮卑慕容氏先後建立了後燕、北燕、南燕等王國。其中南燕國王慕容備德當年與母親和哥哥失散，留有金刀一口給母親，後來哥哥死了，母親與懷孕的嫂嫂逃入羌族部落，嫂嫂生下慕容超，祖母將金刀交給孫子，囑咐他要回歸燕國。

慕容備德沒有子嗣，聽說老哥有遺腹子在後秦，就派人前往祕密訪查，找到慕容超，但是慕容全族親貴有一部分人不信，慕容超乃拿出金刀「驗明正身」，慕容備德乃指定慕容超為接班人。

歷久彌新說名句

「妍皮不裹癡骨」的正面例子：東晉大軍閥劉裕（後來篡晉成為南朝宋太祖）的帳下有一名幕僚謝晦，《通鑑》記載他「美風姿，善言笑，博贍多通」，他在劉裕相府擔任建威參軍，有一個機會代理刑獄參軍，謝晦「隨同酬辨，曾無違謬」，累積很久的老案（不好斷案，所以累積）一件件解決。劉裕即日發表他出任刑獄賊曹（幕僚升任負責捉捕盜賊的主官）。

清代一本專門看文人面相的《冰鑑》，開宗明義就點出「看骨先於看貌」。由本文故事看來，姚紹是會看「骨」的，因此能不被裝瘋賣傻的外在表現騙過，看出慕容超「姿幹瑰偉」（骨相好）；而姚興卻被慕容超騙過了。

名句可以這樣用

譬如買水果，當看不出內部果肉是否美味時，凡人只能買外皮美觀的，這正是「賣相」好占便宜的道理。事實上，水果外皮光滑飽滿者通常也意味著「長得好」，這又是「妍皮不裹癡骨」的印證。但如果純以貌取人，那就會「失之子羽」。又如果外表美好，內容卻很差，那叫作「金玉其外，敗絮其中」。換言之，要稱讚或貶抑一個人，都不愁無句子可用。

先因小忠而成其大不忠，先藉小信而成其大不信

名句的誕生

自古以來，欲為左右耳目，無非小人，皆先因小忠而成其大不忠，先藉小信而成其大不信，遂使讒諂並進，善惡倒置，可不戒哉！足下慎選綱紀[1]，必得國士[2]以攝諸曹[3]，諸曹皆得良吏以掌文按[4]，又擇公方[5]之人以為監司[6]，則清濁與否，與事[7]而明。足下但平心處之，何取於耳目哉？

～〈晉紀〉

完全讀懂名句

1. 綱紀：郡政府的政風幕僚。
2. 唐國士：棟梁之才。
3. 攝：管理。諸曹：猶今日之各科室。
4. 文按：文案、公務文書。
5. 公方：公平方正。
6. 監司：監察單位。
7. 與事：同「於是」。

語譯：自古以來，主動願意當「抓耙子」的，都是小人。他們的方法總是先表現小忠來掩護將來的大不忠，先藉著小信以掩護將來的大不信。讒言和馬屁隨之湧至，善惡黑白在他們口中完全顛倒，豈可不戒懼！閣下只要慎選幕僚，一定能夠物色到棟梁之才以管理各單位，各單位也一定能有優秀官吏主辦公務，再遴選正直之士擔任監察官。如此則下屬是清？是濁？就很清楚了。閣下只須平常心主持政務即可，何必派耳目到地方上去呢？

名句的故事

東晉的豫章郡太守范甯是位正直官員，但是作風卻流於太過苛細。他治下一共十六個縣，除了郡治南昌縣之外，他派了十五名官吏下鄉「採訪風評」，以之考核縣令。他的好友徐邈（在中央做官）寫信勸他不必太過苛細，尤其「耳目之人」多半是小人，派他們下鄉恐怕會「蠶食漁取」老百姓，查察反而變成苛擾。

歷久彌新說名句

「耳目之人」就是打小報告的人，閩南語「抓耙子」原意是耳挖子，借用為「在耳朵旁邊講小話的人」。其實問題不在小人打小報告，問題在於當老闆的人都喜歡下面對他表態效忠，而表態效忠的方法之一就是「別人都瞞著你，只有我對你講真心話」。而其流弊則是，正直之士不願講小話，就被誤以為不忠，而講小話的人乃得「因小忠而成其大不忠」。

齊桓公是英明之君，他授權管仲，富國強兵，但是他也愛聽小話，因而寵信「三豎」——易牙、開方與豎刁。管仲生前就對桓公說：「易牙烹殺兒子以事奉國君，開方拋棄雙親以事奉國君，豎刁自宮以事奉國君，此三人都是壓抑本性以求得國君的信任，將來都會出亂子。」果然，管仲死後，三人專權，終於做亂，阻塞宮門不讓人進去，齊桓公病死宮中無人問，直到屍體腐爛，蟲子都爬出戶外……。

摒絕小人是為政者最重要的智慧，但古今多少英雄之主，文治武功都有成就，卻仍擋不住小人的小話侵蝕。

名句可以這樣用

本句用白話文講就是「先讓你嚐到甜頭，取得你的信任，然後謀取你的財富、資產」——沒看出「金光黨」的伎倆，是你蠢，不是他壞！

雖君子不能無小過

名句的誕生

夫中智之人豈無小慧？然才非經國[1]，慮不及遠，雖竭力盡誠，猶未免有敗[2]，況內懷姦宄[3]，其禍豈不深乎！夫雖君子不能無小過，苟不害於正道，斯可略矣。既謂之君子而復疑其不信，何異立直木而疑其影之曲乎！

～〈唐紀〉

完全讀懂名句

1. 才非經國：缺乏治國的才能。
2. 敗：失誤，用法同「敗筆」之敗。
3. 宄：音ㄍㄨㄟˇ，邪心。

語譯：中等才能的人難道沒有小聰明？只不過因為才具不足，行事思慮無法深遠周到，雖然盡心盡力，仍不免發生失誤，況且那些心懷奸詐的人，造成的災難豈不更大！

即使是君子也不能保證不犯小錯，只要不傷害正道，小過失可以不必計較。既然認為他是君子，卻仍懷疑他的操守，那和豎立一根直木卻懷疑它的影子彎曲，有何分別呢？

名句的故事

魏徵上書指出唐太宗「禮遇君子卻疏遠，輕視小人卻親密」，因而造成「與小人言無不盡，君子的意見卻難以上達」。

魏徵的理論基礎是：多數人是「中智之人」，不宜對他們要求完美無缺，但領導人應該多親近君子，並且不必太計較老年人犯的小過失。

本文意在指陳：忠誠做事的人尚且會失誤，何況心存奸詐者？用人取才應該以操守為主，並且不可因為一點小過失就免他們的職（本章建議對照「用一君子，則君子皆至」一章閱讀，更能體會其意旨）。

歷久彌新說名句

《莊子》書中名句「君子之交淡若水，小人之交甘若醴（美酒）」，充分說明了為什麼領導人（老闆）即使非常有識人之明，仍然會親近小人，相對地，重用正人君子卻敬而遠之。

其實這就是人性，君子說好聽點是「以身相交，不以詞章達人（不說好聽話）」，說不好聽就是「恃才傲物，自以為是」；哪比得上小人「良言一句三冬暖」，嘴巴甜、為人體貼？

當然，這世上也有「望之儼然，即之也溫」的人，但那不是中智之人，是高級人才；而那些「口有蜜，腹有劍」的人也不是中智之人，是高級奸臣。

正由於人性如此，所以魏徵建議用人擇才以德為主，其著眼點就在於矯正「用人唯才」可能發生的弊端。換個角度看，用人唯才則是為了矯正「任用私人」的弊病。

名句可以這樣用

俗話說「人吃五穀雜糧，沒有不生病的」，引申的意思是：只有神仙不會生病，而神仙是不食人間煙火的，凡人吃五穀雜糧就會生病，中智之人就不可能不犯錯。重點在於辨明發生失誤的動機，如果是盡心盡力之後仍不免小敗筆，則不必太計較；如果是心存奸詐，就不可原諒。當然，如果犯的是重大錯誤，則不能沒有處分，「無賞無罰，雖堯舜不能為治」，記得嗎？

疾風知勁草，板蕩識誠臣

名句的誕生

上[1]曰：「武德六年以後，高祖[1]有廢立之心而未定，我不為兄弟所容，實有功高不賞之懼。斯人[2]也，不可以利誘，不可以死脅，真社稷臣[3]也！」因賜瑀[2]詩曰：「疾風知勁草，板蕩[4]識誠臣。」

～〈唐紀〉

完全讀懂名句

1. 上：唐太宗李世民。高祖：李淵。
2. 斯人、瑀：蕭瑀。
3. 社稷：國家。社稷臣：意謂「大臣之才」。
4. 板蕩：《詩經・大雅》中有兩篇〈板〉、〈蕩〉，都是諷詠周厲王時政治無道的作品，後來以板蕩喻亂世。

語譯：唐太宗說：「武德六年以後，高祖有廢掉太子（李建成）改立我為太子的意思，但是猶豫未定，我因而不見容於兄弟，當時確實懷有『功勞太大已無可賞』（功高震主）的憂懼。這個人（蕭瑀）在當時不為利誘，也不受威脅，真是國家大臣的材料啊！」於是賜蕭瑀一首詩，其中有兩句：「經過強風吹襲才知道那一株草挺得住，經過亂世才能辨別誰是忠臣。」

名句的故事

唐高祖李淵曾對李世民說：「大事若成，則天下都是因你而得，我一定封你為太子。」

《通鑑》在高祖武德五年（西元六二二年）記載「世民功名日盛，上常有意以代建成」，所以唐太宗說「武德六年以後」，受到哥哥李建成和弟弟李元吉聯手排擠。

當時李建成和李元吉不惜利祿收買李世民的手下，收買不成則買殺手翦除之。蕭瑀曾經是被鎖定的目標，但始終對李世民忠心耿耿，所以太宗稱他「不可以利誘，不可以死脅」。

而這一回表揚並賜詩，是因為升蕭瑀的官，並且「復令參與政事」。原來，之前蕭瑀擔任御史大夫，彈劾房玄齡、魏徵、溫彥博三位大臣，唐太宗沒有採納，也不追究三人過失，蕭瑀發了牢騷，因而改派太子少傅，不讓他參與議政會議。事隔五年，才讓他回到權力核心。

《通鑑》在本文之後記載：魏徵對太宗說：「蕭瑀個性與眾大臣不合，只有陛下了解他的正直與骨氣。倘若不是遇上聖明君主，想要再度參與議政，恐怕很難！」——魏徵當年是太子李建成幕下要角，若非李世民，也不可能受重用。

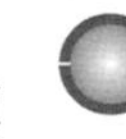

歷久彌新說名句

東漢光武帝劉秀起兵反抗王莽，一度情勢不利，很多追隨者落跑。等到局面穩定，劉秀對一位老幹部王霸說：「當年在潁川一同起義的人，都不在了，只有你仍和我一同打拚，這就是『疾風知勁草』。」

南北朝時，北方分裂為東魏與西魏，實際主政的分別是高澄、宇文泰（兩人都是大軍閥）。一次交戰後，東魏俘獲西魏大將裴長寬，高澄對裴長寬非常禮遇，裴長寬行動不受限制，於是撕裂臥氈，趁夜縋城逃回西魏。宇文泰稱讚他：「在戰場上披堅執銳的勇將很多，但是只有疾風才能試出勁草，歲寒才能驗出堅貞。」

名句可以這樣用

本句今日的用法是「疾風知勁草，板蕩識忠臣」，只改了一個字，意思完全一樣。此外，若用四字成語，則作「勁草疾風」或「疾風勁草」。

用一君子，則君子皆至；用一小人，則小人競進

名句的誕生

上[1]謂魏徵曰：「為官[2]擇人，不可造次[3]。用一君子，則君子皆至；用一小人，則小人競進矣！」對曰：「然。天下未定，則專取其才，不考其行；喪亂[4]既平，則非才行兼備不可用也。」

～〈唐紀〉

完全讀懂名句

1. 上：唐太宗李世民。
2. 官：政府官職。
3. 造次：倉促苟且之時。以之喻「草率」、「將就」、「便宜行事」。
4. 喪亂：死亡與戰亂，指戰爭時期。

語譯：唐太宗對魏徵說：「為官職挑選人才，絕不可以草率、將就。任命一個正人君子，則正人君子聞風而至；任命一個小人，則小人會搶著擠進政府。」魏徵回答：「是啊。當天下尚未平定之時，用人唯才，不能太考慮他的品行；戰亂平定之後，就必須才能與品行都良好，才可任用。」

名句的故事

唐太宗與群臣談論用人之道的記載很多，此處僅舉《通鑑》當中兩則：

唐太宗與宰相房玄齡、御史大夫蕭瑀談論隋文帝的施政作風，太宗認為隋文帝「事皆自決，不任群臣」，以致於群臣只能聽命行事。而天下大事取決一人，難免失誤，群臣又不敢

諫爭，所以傳兩代就亡國了。

唐太宗分析自己的作風是「選擇天下賢才，放在適當的位置，交給宰相考核」。本文則是強調他用人必須才德兼備。

又一次，唐太宗要任命長孫無忌擔任司空，長孫無忌以自己是皇后的弟弟，請求避嫌（以免人家誤會皇帝任用親人）。太宗說：「我為官擇人，完全看才能授予官職。如果才能不足，即使親人也不用，例如襄邑王李神符就是；如果具有才能，即使是仇人也不會心存芥蒂，例如魏徵就是。」

歷久彌新說名句

三國梟雄曹操以善於用人著稱，他的「求賢三詔令」就特別強調，只要有才能，不必考慮品行，「有行之士未必能進取，進取之士未必能有行」，即使是「不仁不孝而有治國用兵之術」的人，他都予以重用。

曹操是打天下的用人典範，而太平時期的用人典範，漢宣帝劉詢可以算一個。宣帝常說：「老百姓之所以安心務農，而不起怨嘆之心，全靠政治清明、司法公平。與我一同致力於此的，就是品行良好的郡太守了吧！人民敬佩郡守才德兼備，就服從郡守的教化。」於是他多次為郡守及縣令增加俸祿，有治績的太守更不吝於封爵、賜金。優秀的中央官員更經常外放去當方面大員，讓中央與地方人才交流，因而宣帝在位時，好官特別多，號稱中興。

至於唐太宗，無論打天下與治天下，都稱得上是英明之王。

名句可以這樣用

成語「物以類聚」和本句意思相同，差別在於，本句是領導人主觀認知，「物以類聚」則是客觀描述。

將門必有將，相門必有相

名句的誕生

帝[1]方事[2]征伐，玄感[3]自言：「世荷[4]國恩，願為將領。」帝喜曰：「將門必有將，相門必有相，固不虛[5]也。」由是寵遇日隆，頗預[6]朝政。

～〈隋紀〉

完全讀懂名句

1. 帝：隋煬帝。
2. 事：從事。
3. 玄感：楊玄感，隋禮部尚書。
4. 荷：蒙受。
5. 不虛：非虛言、不是亂講的。
6. 預：參與。

語譯：隋煬帝正好想要發動征伐高麗的戰爭，楊玄感主動請求：「我們家世代蒙受國家恩典，我自願擔任將領。」隋煬帝大喜，說：「將領之家必有將才，宰相之家必有治國之才，這句話果然不是亂講的。」自此之後對楊玄感寵遇有加，讓他參與大政決策。

名句的故事

楊玄感是楊素的兒子，楊素押寶楊廣，努力促成隋文帝廢太子楊勇，改立楊廣為太子，是隋煬帝登基的第一功臣，因而權傾一時，炙手可熱。但是隋煬帝是個猜疑心很重的皇帝，對楊素頗有戒心，等到楊素病死，煬帝對左右近臣說：「如果楊素不死的話，終必全族夷滅。」

楊玄感了解隋煬帝的心，同時也因為在朝文武百官多半是楊素以前的部下，所以一直擔心皇帝有朝一日會突然翻臉。他看準了隋煬帝因為第一次征高麗失敗，念茲在茲要討回面子，而朝臣多半不贊成或不希望隋煬帝再度出征，乃自動請纓，博取煬帝信任，其實陰謀叛變。

隋煬帝發動第二次遠征高麗，楊玄感負責督運糧械，故意逗留，想要讓渡過遼水的遠征軍缺糧。煬帝派使者催促，楊玄感一面用各種理由推託，一面挑選精壯的運伕、船員，宣布「獨夫肆虐，（人民）陷身絕望之地，我今親率義兵以誅無道」，揭竿起義。

隋煬帝在遼東受阻，又接到楊玄感兵變的報告，說：「這小子很聰明，會釀成大患。」

隋煬帝輕視飢民變成流寇，卻重視楊玄感造反，顯示他注重門第。本文兩句正是門第觀念的代表名句。

歷久彌新說名句

漢武帝下詔大將軍衛青，要他舉薦門客擔任「郎」（初級軍官），剛巧大夫趙禹來拜訪衛青，衛青就將他中意的門客叫出來，先給趙禹看一看。趙禹看了，說：「我曾聽說『將門之下必有將類』（將軍之門必有軍事人才），可是將軍您卻中意一些富人之子，這些人缺乏智略，如同木偶穿上錦繡，怎麼能用呢？」於是將一百多名舍人叫出來，一個一個面談，挑出田仁、任安兩人，說：「只有這兩人成材，其他都不能用。」果然，田仁與任安後來都做到千石高官（刺史才六百石）。

趙禹說的「將門之下必有將類」，指的不是血統，而是門風，與隋煬帝的邏輯完全不一樣。

名句可以這樣用

有門第觀念的人相信「龍生龍，鳳生鳳」，但是「將相本無種，男兒當自強」，那些拘泥「將門必有將，相門必有相」的老闆，只會失去人才而已。

罄南山之竹，書罪無窮；決東海之波，流惡難盡

名句的誕生

密[1]使其幕府[2]移檄[3]郡縣，數煬帝十罪，且曰：「罄南山之竹，書罪無窮[4]；決[5]東海之波，流惡難盡。」祖君彥[6]之辭也。

～〈隋紀〉

完全讀懂名句

1. 密：李密。隋末群雄最強的一股力量。
2. 幕府：大將軍的隨軍行政單位。
3. 檄：討伐敵人的文告。
4. 無窮：未盡。
5. 決：堤防崩潰，洪水橫流。
6. 祖君彥：隋朝人，有文名。

語譯：李密命令他的幕府將討伐隋煬帝的檄文散發到各郡縣，列舉煬帝十大罪狀，並且說（除了十大罪狀之外）：「即使將南山（秦嶺）的竹子用完（古時以竹簡記錄歷史），也寫不盡他的罪狀；即使東海的堤防潰決，波濤也難流盡他的惡行。」這份檄文出自祖君彥的手筆。

名句的故事

祖君彥的文筆很好，對自己的才能非常自負，但是在隋朝卻鬱鬱不得志。隋文帝因為他是祖珽的兒子而不喜歡他。祖珽是北齊的官，曾經陷害斛律光，斛律光一死，北齊就沒有將領足以抵抗北周了。隋煬帝則是嫉妒祖君彥的文才，所以只派他一個九品代理縣長。

李密起義，開倉賑民，一下子有數十萬流民

前往投奔。祖君彥放棄代理縣長的芝麻官，投靠李密，李密得之大喜，引為上賓，軍中重要文書通通委託祖君彥。

祖君彥另一件作品被《資治通鑑》引述，是李密回覆李淵（唐高祖）的信函，其中有佳句：「所望左提右挈，戮力同心，執子嬰於咸陽，殪辛商於牧野，豈不盛哉！」意思是：期待我倆密切合作如左右手之配合，就像劉邦項羽攻進咸陽，接受子嬰的投降，又像周武王伐紂，殺死暴君，不是很偉大的功業嗎？

《通鑑》刻意註明這些文件「出自祖君彥手筆」，意在提醒後世君主：放著人才不用，只會便宜了你的敵人！

歷久彌新說名句

武則天女皇時期，徐敬業起兵討伐武則天，檄文由駱賓王執筆。當武則天看到這篇文告中的佳句：「班聲動而北風起，劍氣沖而南斗平。喑嗚則山岳崩頹，叱吒則風雲變色。以此制敵，何敵不摧？以此圖功，何功不克。」不禁感嘆：「有這樣的人才，居然未被朝廷網羅，這都是宰相的過失啊！」

東漢末年，曹操與袁紹決戰前夕，陳琳為袁紹執筆作檄文：「大軍汎黃河以角其前，荊州下宛葉而犄其後；雷震虎步，並集虜廷，若舉炎火以焫飛蓬，覆滄海以沃熛炭，有何不滅者哉！」曹操看了，出一身冷汗，頭痛都好了，從床上一躍而起，問是誰的文章。

後來，武則天沒有殺駱賓王，曹操也沒殺陳琳，這正是他們勝過楊堅父子的地方。

名句可以這樣用

這兩句已經簡化成「罄竹難書」四字成語，但若不知典故是指「書罪無窮」，用錯地方可就貽笑大方了。

明主勞於求人而逸於任人

名句的誕生

明主勞於求人而逸於任人，此虞舜所以能無為而治者也。獄市[1]煩細之事，各有司存[2]，非人主所宜親也。昔秦始皇以衡石程[3]書，魏明帝自按[4]行尚書事，隋文帝衛士傳餐[5]，皆無補於當時，取[6]譏於後來，其耳目形神[7]非不勤且勞也，所務[8]非其道也。

～〈唐紀〉

完全讀懂名句

1. 獄：泛指司法。市：泛指經濟。
2. 司：主管機關。存：在。
3. 衡：秤。石：計算體積的工具。程：計算。當時文書都刻在竹簡、木簡上面，所以用重量體積來計算工作量。
4. 按：查察。
5. 傳餐：猶今日「吃便當上班」。
6. 取：引來。
7. 形：身體。神：精神。
8. 務：用心用力。

語譯：英明的君主因求才而辛勞、因用對人才而輕鬆，這就是虞舜得以無為而治的原因。司法、經濟這些執行細節的事情，各有主管機關在，不是一國領袖應該親自去處理的。從前秦始皇用秤和石來計算每天處理公文的數量，魏明帝親自查察尚書曹的公文，隋文帝早期到中午不休息，連衛士都站著吃飯值勤。這幾位勤勞的君主對當時的政治都沒有裨益，反而引來後世的譏笑。他們的耳朵、眼睛、身體、精神並非不勤勞，但是勞心勞力卻用錯地方了。

名句的故事

唐朝中葉「元和中興」的皇帝唐憲宗李純，在當時藩鎮跋扈的形勢之下，相當程度地重振了中央朝廷的威望，也就是對幾個藩鎮取得了軍事勝利。

憲宗大力整飭中央政府的政風，事事參考「貞觀事例」，諫官得以在朝廷議政時公開奏事，而不怕得罪當道，先後幾位宰相杜黃裳、武元衡、裴矩、李吉甫等都是胸襟開闊、才能卓越的領導者。本文就是憲宗問「自古帝王，有人勤勞政事，有人垂拱而治，哪一種才對」時，杜黃裳的回答。

憲宗聽了這話，那一年親自出題考試選拔人才，名詩人白居易、元稹都是那一梯次受到拔擢的人才。

歷久彌新說名句

中國自古稱頌堯舜時的政治，而舜更是分工授職的典範，他任用了二十二位重要幹部，個個都能稱職，其中最有名的是禹，解決了水患問題，其他包括：皋陶掌司法、伯夷掌教育、垂掌工程、益掌開發（山澤）、棄掌農業、契掌民政、龍掌外交……等。而虞舜的分工，一直被當作後世政府分工的依據。

秦始皇與隋文帝都是收拾分裂局面、建立大一統的雄霸之君（秦始皇結束戰國、隋文帝結束南北朝）。就因為他倆的作風過於親力親為，沒有讓人才進入政府，以致於秦與隋都成為短命王朝。

名句可以這樣用

當老師的都喜歡「得天下英才而教之」，當領導的都樂意「得天下英才而用之」。差別在於，老師必須「有教無類」，不能挑學生；領導人卻必須「勞於求人」，否則只會「累死自己」。

口有蜜，腹有劍

名句的誕生

李林甫為相，凡才望功業出己右[1]及為上[2]所厚、勢位將逼己者，必百計去之；尤忌文學之士，或陽[3]與之善，啗[4]以甘言而陰[3]陷之。世謂李林甫「口有蜜，腹有劍」。

～〈唐紀〉

完全讀懂名句

1. 右：古人以右為上。出己右：勝過自己，用法同「無出其右」。
2. 上：唐玄宗。
3. 陽：表面。陰：背後、私下。
4. 啗：以餌誘之。

語譯：李林甫擔任宰相，凡是能力、聲望、功業勝過自己，以及玄宗喜歡、可能威脅自己地位者，必定千方百計排擠掉他；尤其忌諱有文學才能的人，常常表面上與之親近，當面講好聽的話，背後卻設計陷害他。當時人說李林甫「嘴巴上有蜜，肚子裡有劍」。

名句的故事

舉一個例子說明李林甫的「口蜜腹劍」工夫：唐玄宗有一次問李林甫：「嚴挺之現在在哪裡？這個人是個人才，可以重用。」當時嚴挺之擔任絳州刺史，不在長安，李林甫找來嚴挺之的弟弟嚴損之，「好意教導」他說：「皇上很賞識令兄，我教你一招可以入京晉見的方法，請令兄上奏說自己中風，請求回京就醫。」嚴挺之照著李林甫的「指點」上奏，李林甫拿著奏摺對玄宗說：「嚴挺之年紀大了，又中風，建議派他一個閒散官職，方便他養病。」唐玄宗為之喟嘆良久，詔派嚴挺之為詹事，（從三品，高刺史一級，但是沒什麼權力），並且指示在東京（洛陽）上班，方便養病。

唐朝由盛轉衰就是唐玄宗在位這四十多年，而唐玄宗的「英明與昏庸」之分野，就在「開元」與「天寶」年號之改變。本文故事就記載於《通鑑》唐玄宗天寶元年，亦即大唐帝國就從李林甫擔任宰相開始轉衰。

歷久彌新說名句

歷代權奸當中，能跟李林甫的手段相比擬的，只有明朝嘉靖皇帝時的內閣首輔（等同宰相）嚴嵩。舉一個嚴嵩口蜜腹劍的實例：北方的俺答（蒙古族）入侵，大軍壓境，直到北京城下。兵部尚書丁汝夔請示首輔：「主戰，還是主守？」嚴嵩不想讓丁汝夔立功，就說：「軍隊在塞上失利，皇上那裡還可以掩飾過去；若在都下（京城之下）失利，誰人不曉？賊寇擄掠成性，掠飽自然遠遁。」丁汝夔得了嚴嵩的「指點」，專心守住北京城，任憑蒙古兵在城外掠劫。果然，在擄掠一空之後，俺答放火焚燒民宅，逼迫嘉靖皇帝准許「通市」後撤軍。

俺答退去後，聖旨下，飭令逮捕丁汝夔與兵部侍郎楊守謙下獄，指他倆「牽制將帥，怯懦誤國」。丁汝夔要家人帶著珠寶去請求嚴嵩救命，嚴嵩對丁家人說：「老夫尚在，必不使丁公蒙冤。」但是隔天丁、楊兩人仍被綁赴法場，丁汝夔大聲哭喊：「嵩賊誤我！」但已經太遲了！

名句可以這樣用

口蜜腹劍的近似成語還有：佛口蛇心、笑裡藏刀、刀頭有蜜等。大陸上的順口溜更貼切：「當面說好話，背後下毒手。」

唯名與器不可以假人

名句的誕生

唯名[1]與器[1]不可以假[2]人，君之所司[3]也。且守珪[4]纔破契丹[5]，陛下即以為宰相；若盡滅奚[5]、厥[5]，將以何官賞之？

～〈唐紀〉

完全讀懂名句

1. 名：官銜。器：器用、儀仗。
2. 假：借。權宜授予之意。
3. 司：管理。君之所司：皇帝的職責。
4. 守珪：張守珪，時任幽州節度使。
5. 厥：突厥。契丹、奚、突厥都是唐代北方沙漠民族，屢為邊患。

語譯：唯有官銜和（等同地位的）器用不可以輕易授人，這是皇帝的職責。況且張守珪（身為邊防重鎮）只擊敗了契丹而已，陛下就任命他做宰相；如果他完全平定奚、突厥等北方民族，那時候還有什麼官可以賞他？

名句的故事

幽州（今河北省一帶）節度使張守珪一再擊敗契丹，這一回斬了契丹王屈烈，將首級送到長安，唐玄宗龍心大悅，有意加張守珪以宰相頭銜。宰相張九齡不贊成，說：「宰相代表皇帝治理萬民，不是拿來賞功勞的官銜。」唐玄宗說：「只是給他一個頭銜（假以其名），不是要他真的擔任宰相。」張九齡於是作本文之論述。

歷朝制度多半「官以任能，爵以酬功」，可

是唐高祖李淵起兵之初，勢力範圍只及於關西（函谷關以西），封給功臣一些關東地方的爵位都是虛銜，只能折給實物（如繒帛）做為「食封」。到唐太宗時，有意以實際封邑賞給功臣，可是朝議紛而不決，因而「賞功者多以官」——以官職賞給功臣成為唐朝的傳統。

這種情形在中央政府政令可以貫徹時，問題不大，因為皇帝的權威夠大。但是在「安史之亂」以後，各地節度使漸漸不甩朝廷，而朝廷採姑息政策，以官職籠絡藩鎮，節度使經常擁有大師、太尉、同平章事（唐朝宰相的官銜包括：同中書門下三品、同中書門下平章事等，也就是可以和皇帝一同御前議事的官）等頭銜——張九齡的諫言「宰相非賞功之官」確實預見了未來之患，可惜後來的君主「守」不住，有虧「君之所司」，大權旁落，怨不得別人。

歷久彌新說名句

《左傳・孔子惜繁纓》：衛君要賞給大夫于奚食邑，于奚推辭土地，卻請求賞給「曲懸」（鐘磬的懸掛型式）與「繁纓」（馬的裝飾），兩者皆諸侯儀杖，衛君准許了。

孔子聽說此事，說：「真是遺憾啊！不如多給他一些土地。『唯器與名不可以假人』，這是國君的職責所在。輕授『器與名』等於將君權交到他人手上。權力不握在國君手中，國家就要亡了。這是擋不住的趨勢啊！」

法家的治術講求「賞罰」，人君要牢牢抓住這兩項利器；儒家的治道講求「君臣分際」；兩者不可偏廢。

名句可以這樣用

俗話說「拿著雞毛當令箭」，小人假借大人名義，都敢招搖撞騙、違法濫權了，何況將名與器交到野心家的手中？

士可殺不可辱

名句的誕生

臣[1]聞刑不上大夫[2]，為其近於君，且所以養廉恥也，故士可殺不可辱[3]。臣鄉[4]巡北邊，聞杖[5]姜皎於朝堂，皎官登三品，亦有微功，有罪應死則死，應流[6]則流，奈何輕加笞辱，以皁隸[7]待之！

～〈唐紀〉

完全讀懂名句

1. 臣：唐玄宗時宰相張說。
2. 刑不上大夫：出自《禮記・曲禮》。上：加諸。
3. 士可殺不可辱：出自《禮記・儒行》。
4. 鄉：音ㄒㄧㄤˋ，之前。
5. 杖：打屁股。
6. 流：放逐。
7. 皁隸：低級小吏。

語譯：我聽說「刑罰不加諸高級官員身上」，為的是他官秩高接近國君，並以之養成高官的廉恥之心，所以《禮記》上說「對待高級知識分子，可以殺他，卻不可以侮辱他」。之前我在北方巡視邊境（張說兼任朔方節度使）時，聽說姜皎在朝廷上被打屁股。姜皎是三品高官（同部長級），也曾建立一些功勞，如果罪證確鑿，應該殺就殺、應該放逐就放逐，為什麼輕易加諸當朝打屁股的羞辱？把他當低級的小吏看待！

名句的故事

唐玄宗「開元之治」得力於幾位賢相：姚崇、宋璟，還有就是這位張說。

與張說同時擔任宰相的是張嘉貞，張嘉貞對付異己分子往往不擇手段，本文所說「廷杖姜皎」就是一例。前廣州都督裴伷先犯罪下獄，唐玄宗與宰相商議該判裴伷先什麼刑罰，張嘉貞主張「打屁股」，張說不同意，並且發表了本文這番議論，主張依《大唐律》將裴伷先流放，不可再犯之前廷杖姜皎的錯誤。

退朝出宮，張嘉貞對張說表示不滿：「你何必講那麼多大道理？」張說回答：「宰相這個座位，運氣來的時候就坐在上面（運氣不好就下台）。如果國家大臣都可以用板子來羞辱，難保有一天不會輪到我們頭上。我說那番話，不是為裴伷先，而是為天下讀書人啊！」

歷久彌新說名句

「刑不上大夫」實施得最徹底的是西漢，因而漢朝高官最崇尚氣節。最糟蹋官員的是明朝，明朝流行「廷杖」，尤其是宦官當權的年代，官員大多數拍當權宦官的馬屁，少數有氣節者下場都很慘。

明武宗（正德皇帝）時，宦官劉瑾權傾一時，朝廷官員阿附劉瑾的就不次升遷，不肯同流合汙的就先打屁股再下獄。

當時還能讓劉瑾稍為忌憚的是老宰相大學士王鏊，每次有大臣遭廷杖，王鏊就對劉瑾說：「士可殺不可辱。如今閣下對大臣既辱又殺，老夫還有何顏面待在朝廷？」

結果，王鏊就「如願」退休了，劉瑾沒有殺他，也沒有「辱」他，當時的人都認為是「異數」。

名句可以這樣用

「士可殺不可辱」只對有廉恥之心的人有效，對那些沒有羞恥之心的貪官汙吏，大概是寧願受辱而不願被殺吧！

天下本無事，但庸人擾之耳

名句的誕生

天下本無事，但庸人[1]擾之[2]耳。苟[3]清其源，何憂不治！

～〈唐紀〉

完全讀懂名句

1. 庸人：平庸之人，含貶意。
2. 擾之：干擾、硬攪和。
3. 苟：只要。

語譯：（陸象先說）天下本來沒有那麼多是非，都是那些庸才硬攪和出事情來。只要能把源頭搞清潔（指整飭吏治），不必擔心地方治理不好。

名句的故事

說這話的陸象先是唐玄宗時的蒲州刺史（州長），他為政寬簡，老百姓或基層小吏犯了小罪，多半以言語開導一番就放回去了。

州政府官員對陸象先說：「大人不用刑罰，怎麼立威呢？」

陸象先說：「人心都相似，治民要發揮同理心，你們這些傢伙怎麼聽不懂我的話！如果一定要用刑罰來立威，就從你們開始！」

「治亂世用重典」或許沒錯，但當時是「開元之治」盛世，不是亂世。亂世人情澆薄，不用刑罰無以懾服僥倖之心；盛世人情淳厚，應該以教化為先、刑罰為次。

可是小吏的思考和長官思考不一樣，長官政

績好會高升，小吏卻是一輩子守住一個職位。長官崇尚寬簡，不用刑罰，小吏的「外快、油水」就沒有了，所以他們最希望主官嚴刑竣法，他們才有紅包可收。而陸象先完全識破這些「庸人」（才智平庸、升不上去）的想法，所以痛加訓斥。本文則是他的基本施政理念：只要能澄清吏治，地方就治理得好。因為，亂源在於那些小吏。

但即使不是盛世，整飭吏治仍然是要務。唐穆宗時，柳公綽擔任山南東道節度使，他巡視轄內州縣，到了鄧縣，有二吏犯法，一個「犯贓」（貪汙）、一個「舞文」（曲解法令）。大家都以為柳公綽會殺那個貪汙的，結果柳公綽判決：「贓吏犯法，法在；姦吏亂法，法亡。」斬了那個「舞文」者，其理由與陸象先一致——貪贓是A公家的錢，「舞文」是製造冤獄、不公，正是引起民怨的源頭！

歷久彌新說名句

清朝康熙皇帝最重視吏治，他的理念就是：「朝廷致治，惟在端本澄源；臣子服官，首宜奉公杜弊。大臣為小臣之表率，京官為外吏之觀型，大法則小廉，源清則流潔，此從來不易之理。」

陸象先是刺史，康熙是皇帝。刺史要「清其源」從州吏下手，皇帝管不到每一個吏，但可以管住大臣、京官，清廉政風由中央做起、由大官做起，地方和小吏自會看樣學樣。若還不能發揮「風吹草偃」的連鎖反應，則由司法、監察系統「察吏安民」，這是澄清吏治的不二法門。

名句可以這樣用

成語「庸人自擾」常用作「糊塗人自找麻煩」的意思，但要記得「天下本無事，但庸人擾之耳」的原始典故是「貪官汙吏刻意把事情弄複雜，方便A錢」的意思。

人之慕名，如水趨下，上有所好，下必甚焉

名句的誕生

夫人之慕名，如水趨下，上有所好，下必甚焉。陛下[1]若取士以德行[2]為先，文藝[3]為末，則多士雷奔[4]，四方風動[4]矣！

～〈唐紀〉

完全讀懂名句

1. 陛下：唐高宗李治。
2. 德：品德。行：行為操守。
3. 文藝：此處指文學才能。
4. 雷奔：快速奔走如雷。風動：廣為流傳如風。

語譯：人都愛追求名聲，有如水往低處流那般自然。而領導人喜好一件事，下面的人一定更加超過。陛下選用官吏如果能以品德操守為優先，文章好壞為次要，那麼天下有德行的人才就會快速進入政府，而皇帝喜歡有德之士的消息會很快傳遍四方。

名句的故事

這是一位名叫劉曉的士人上疏，對選官制度提出建言：「禮部（教育部）取士專以文章好壞為評斷標準。因而天下士人都不注重修身，而致力於作文，就有早上登科而傍晚入獄的例子。這種人即使每天可以寫一萬字文章，又怎能對治理國家有所幫助？即使能和曹植一樣七步成詩，也不足以教化人民。」他建議皇帝用人應「德勝於才」。

這篇疏奏正顯示：大唐帝國經過唐太宗貞觀

之治以後，國力鼎盛、經濟繁榮，文藝隨之趨向華麗，並且蔚為風氣。我們今天欣賞《唐詩三百首》中有那麼多華麗的詩句，是因為當時整個社會都崇尚文藝的緣故。

然而，儒家「學而優則仕」的觀念，與這種全面性崇尚文藝的流行風交會之後，變成作文（含作詩詞）好的人就能做官，這的確造成行政人才來源的傾斜，同時也使官吏用心於文藝而排擠了行政的工作。

但是，即使有心人士如劉曉，他的疏奏中仍不免用上「多士雷奔，四方風動」這種華麗詞藻，可見流行的力量有多麼強大。

歷久彌新說名句

本句的後半出自《孟子》：「上有好者，下必有甚焉者矣。君子之德，風也；小人之德，草也；草上之風，必偃。」孟子的意思與本句相同：國君帶頭做好榜樣，下面會更好。

一個反面教材出自《戰國策》：

楚威王向莫敖（楚國官名，執政大夫）子華訴說「現在已經沒有不為官爵和利祿而憂國憂民的人了」。子華向威王講一個故事：「從前楚靈王喜歡看細腰，楚王宮中婦女於是一個個節食，所有的人都瘦得非得靠著牆壁才能站立，非得拿手杖才能行走；心裡想著食物，卻百般忍耐不進食；面對可能餓死也不逃避。」

子華再做引申：「如果君王喜歡射箭，臣子就會努力習射；如果君王喜歡賢臣，賢臣就會出現。」

「楚王好細腰，宮中多餓死」是反面教材，「君王好賢，賢臣皆可得而致之」是正面教材。

名句可以這樣用

「如水趨下」意指事理之必然，但有可能令人誤會意思。「人往高處爬，水往低處流」就淺近易懂了。

可與同憂，不可與共樂

名句的誕生

董璋[1]多詐，可與同憂，不可與共樂，他日必為公[2]患。因其至劍州勞軍，請圖[3]之。并[4]兩川之眾，可以得志於天下。

～〈後唐紀〉

完全讀懂名句

1. 董璋：後唐東川節度使。
2. 公：後唐西川節度使孟知祥。
3. 圖：除去。
4. 并：同「併」。

語譯：董璋生性狡詐，可以跟他共憂患，不可跟他共安樂（意指「一旦成功就會算計合夥人」），將來必定成為您（孟知祥）的禍患。我請求趁他到劍州（四川劍閣）勞軍的機會，將他除去。合併東川與西川的兵力，可以爭霸天下。

名句的故事

五代十國時期，四川曾經先後建立兩個王國。前蜀由王建建立，被後唐莊宗派大軍征服，董璋當時就是遠征軍將領，勝利之後，被派為東川節度使，孟知祥則由北都（山西太原）調派擔任西川節度使。

鄴都兵變的骨牌效應，造成莊宗死亡、明宗即帝位（故事詳見「事成於果決而敗於猶豫」一章），四川天高皇帝遠，於是董璋和孟知祥乃不受朝廷節制，結果引來後唐明宗派出遠征軍討伐。

面對朝廷討伐，兩川聯軍抵抗。中央遠征軍總司令石敬塘受阻於劍閣，決定撤軍，兩川聯軍勝利，董璋擺出老大哥姿態，赴劍州勞軍。劍州是西川地盤，守將趙廷隱才是打勝仗的主將，因此對董璋此舉十分不滿，因而向孟知祥提出「除去董璋」（如本文）的請求，但是孟知祥不准。

董璋進入趙廷隱的軍營，留宿一夜後回去（想必擺盡老大場面）。趙廷隱嘆氣，說：「不接受我的建議，將來禍患無窮。」

後來，董璋果然與孟知祥為敵，孟知祥勝，董璋被殺。孟知祥後來自立為王，史稱後蜀。

歷久彌新說名句

孟知祥並非不知道董璋不可合作，但是他研判殺了董璋也不見得能收編東川的軍隊，即使能合併兩川軍隊，也只能守住劍閣自保，卻無逐鹿中原的實力，所以不准趙廷隱妄動。

孟知祥與董璋是合夥關係，夥伴之間會出現「可與共憂，不可與共樂」現象，但即使是君臣之間，也一樣會出現。

春秋時，越王句踐臥薪嚐膽、滅吳復國，大功臣范蠡就研判：「句踐為人可與共患難，不可與共處安」（不願與人共富貴），所以主動請求退休。句踐安撫范蠡：「我將分一半權力給你，我倆一同治國，否則我必不得好死。」

握有生殺大權的國君對臣子發此毒誓，反而使得范蠡心中更加害怕。於是下定決心，買了一艘大船，載著財物與西施一同出海，跑到山東去做生意，發了大財，人稱「陶朱公」，後來更成為中國的財神。

名句可以這樣用

范蠡到了山東，寫信給另一位大功臣文種：「飛鳥盡，良弓藏；狡兔死，走狗烹。越王為人……可與共患難，不可與共安樂。」范蠡的兩種用詞和本句意思都一樣，今日比較常用的是「可共患難，不可共安樂」。

君子與小人之不相容，猶冰炭之不可同器而處

名句的誕生

夫君子小人之不相容，猶冰炭之不可同器而處[1]也。故君子得位則斥小人，小人得勢則排君子，此自然之理也。……公且實者謂之正直，私且誣者謂之朋黨，在人主所以辨之耳。

～〈唐紀〉

完全讀懂名句

1. 器：容器。處：居。同器而處：放在同一個器皿裡面。

語譯：君子和小人無法相容，好比冰和炭不能放在同一個器皿裡。所以，君子主政就排斥小人，小人得勢就排擠君子，這和物理（冰炭不能同器）原理是一樣的。……用心為公、做事實在的稱之為正人直臣，私心自用、抹黑他人的稱之為朋黨。至於哪一邊是正直君子，哪一邊是朋黨小人，端視君主的明辨能力。

名句的故事

唐文宗時，朝廷「牛李黨爭」激烈，皇帝對這種派系傾軋深惡痛絕，卻又無能解決，只會嘆氣說：「去河北賊易，去朝廷朋黨難。」河北賊指的就是河北三鎮，事實上，朝廷拿跋扈的藩鎮同樣沒辦法，只不過，藩鎮不會在皇帝御前吵來吵去。

然而，朋黨之所以難處理，不在於君子、小人不相容——如果很明顯一方君子、一方小人就好辦了，問題其實在於派系成見，而雙方陣營互指對方為小人、為奸邪，還要用言論「逼」

皇帝「辨群臣之邪正」，換你當皇帝，也給他們煩死了。

「李黨」的領袖李德裕就曾講出個中道理：「正人指邪人為邪，邪人亦指正人為邪，人主辨之甚難。」可是誰是正人、誰是邪人呢？答案很簡單：雙方都說「我是正人君子，對方是邪惡小人」！

歷久彌新說名句

本文出自《通鑑》記載這段史實之後的「臣光曰」，也就是司馬光的評論。而司馬光本人是因為北宋新舊黨爭，處於敗方，才被派去纂修《資治通鑑》。

北宋的新舊黨爭起因於宋神宗重用王安石「變法」，但就因為派系之間的歧見，政策之爭演變成黨同伐異。王安石的「新法」以後人的後見之明來看，還真是針對當時社會弊病提出的好政策，但是最終卻因「所用非人」卒告失敗。至於為什麼所用非人？就因為黨爭逼使官吏選邊站，所以人才不夠用，「新政」因執行不當而後遺症百出！

那些抵制新政的「舊黨」，看看名單：范仲淹、歐陽修、司馬光、韓琦、富弼……都堪稱名臣。歐陽修還作了一篇〈朋黨論〉，將朋黨分成「君子朋」與「小人朋」，君子朋的結合是為了「同道」，小人朋的結合是為了「同利」——這和本文意旨完全一致，因為，歐陽修和司馬光正是「同黨」。

名句可以這樣用

黨爭造成最嚴重的問題就是「內耗」，對立兩黨相互抵消力量，其結果往往是便宜了敵人（流寇或外患）——冰炭同器將使雙方都失去能量，這和物理原理是一樣的啊！

資治通鑑續編

廣納建言

可與爲善，可與爲惡

名句的誕生

廢立[1]大事，今文武大臣皆知其不可而莫肯發言，臣何敢畏死，不一為陛下別白言之[2]乎？太子性本中人，可與為善，可與為惡。曏[3]使陛下擇正人輔之，足以嗣守鴻基。今乃以唐令則為左庶子，鄒文騰為家令，二人唯知以弦歌鷹犬娛悅太子，安得不至於是邪！此乃陛下之過，非太子之罪也。

～〈隋紀〉

完全讀懂名句

1. 廢立：當時隋文帝正想要廢黜太子楊勇，立晉王楊廣為太子。
2. 別：明辨。白：陳述。別白言之：說真話。
3. 曏：之前、那時候。

語譯：廢立太子是何等大事，如今文武大臣都心知不可草率，卻又沒人願意發言，我又怎能為了怕死而不向陛下說出真話呢？太子原本是中等資質，可以讓他學好，也可以讓他學壞。之前陛下若選擇正直人士輔佐太子，太子應該可以守住帝國的偉大基業。如今卻用唐令則擔任左庶子（相當太子宮總管職務），用鄒文騰擔任家令（總務主管），這兩個人只會以歌舞、狩獵讓太子玩物喪志，當然就會變成今日的結果。這是陛下的錯，不是太子的罪。

名句的故事

這一段話的發言人是太子洗馬李綱。隋文帝

聽完這段話，神色慘然地說：「你講的不是沒道理，但是你『徒知其一，未知其二』。就以你為例子吧，我也派你在太子宮服務啊，可是楊勇不願親近你，選擇正人君子輔佐他，又有什麼用？」李綱仍然忠言逆耳講不停，隋文帝光火了，罷朝，大臣們都擔心害怕。但是隋文帝畢竟算是一個好皇帝，當時尚書右丞出缺，人事單位向皇帝請示，隋文帝當場派李綱出任（從五品升從四品，越級擢升）。

隋文帝的話也沒有錯：之前太子宮左庶子裴政、右庶子劉行本都是剛正之士，可是楊勇疏遠他倆，還把裴政外放到襄陽，改任唐令則當左庶子——親小人、遠賢臣，的確不適合擔任儲君。隋文帝廢儲的決定或許是對的，但是人算不如天算，更立的太子、後來的隋煬帝楊廣雖然文武全才，卻是一個剛愎暴虐之君，在他手上終結了隋帝國。

歷久彌新說名句

楊堅的帝位篡奪自他的親外孫，他的女兒嫁給北周宣帝宇文贇。宇文贇還是太子時，也喜歡親近小人，皇帝宇文邕有一次問臣子樂運：「你說說看，太子是什麼樣的材料？」樂運回答：「太子是『中人』（中等資質）。」皇帝再問：「中人是怎樣的情形？」樂運回答：「就譬如齊桓公，管仲當宰相就成為諸侯霸主，豎刁輔佐就國家大亂。中人就是可以變好，也可以變壞。」

這位樂運真是太會說話了，用齊桓公做例子，讓皇帝聽了很舒服，但與實情完全不符。宇文贇與楊勇如果有齊桓公的水準，北周和隋都不會亡。事實上，齊桓公是因為在位太久，由英明變成昏庸——因為英明才能重用管仲，因為變昏庸，才會寵信豎刁。

名句可以這樣用

本句的用法變化不多，倒是故事中那句「徒知其一，未知其二」，請分辨與「只知其一，不知其二」之間的語氣差別（兩句意思一樣）。

受爵天朝，拜恩私第

名句的誕生

演[1]錄尚書事[2]，除[3]官者皆詣演謝，去必辭[4]。晞[5]言於演曰：「受爵天朝，拜恩私第，自古以為不可，宜一切約絕[6]。」演從之。

～〈陳紀〉

完全讀懂名句

1. 演：北齊常山王高演，後為齊孝昭帝。
2. 錄尚書事：掌管宮廷機要，一人之下。
3. 除：任命官員。
4. 去：上任。辭：辭行。
5. 晞：王晞，為常山王府之「友」。北齊諸王屬官有「師」、「友」，是賓客、顧問性質。
6. 約：約束。約絕：一概拒絕。

語譯：常山王高演擔任錄尚書事，受任命的官員都晉見高演表達謝意，赴任亦向高演辭行。王晞對高演說：「官員係朝廷委派，卻在私宅拜謝恩典，自古以來就認為這種現象不可以，最好是一概拒絕。」高演接受王晞的意見。

名句的故事

北齊文宣帝高洋起初英明決斷（「快刀斬亂麻」典故就是高洋年輕時的表現），但是晚年卻變成一位暴君，情緒非常不穩定。朝中大臣個個噤不敢言，只有親弟弟高演敢於進諫。

高洋沉湎杯中物，高演涕泣拜伏（不言之諫），高洋將酒杯砸在地上，下令不准再拿酒給他喝，否則斬首，但是不久又酗酒，比過去更甚。高洋與親王外戚狂歡，高演一到，全體肅然。

高演對官吏非常嚴格，處理公務發生失誤者，動輒鞭打。高洋召來被處罰者，親自以刀比著高演脅下，要受罰者說出高演的錯失，卻每次都得不到具體答案（高演嚴格但公正）。

高洋懷疑是王晞教高演進諫，想要殺王晞，高演乃當眾杖責王晞二十大板，高洋因而不殺王晞，只剃光他的頭髮、鞭打、發配苦力營三年。高演為了王晞閉口不食，太后為小兒子絕食而日夜涕泣，皇帝（高洋）掛心母親，於是對弟弟說：「你肯進食，我就把王晞還你。」於是釋放王晞。

高洋的太子高殷「禮士好學」，高洋嫌他太過於「漢人味」，想要廢太子，傳位常山王（高演），因大臣進諫而停止。

高洋臨死，對高演說：「你如果自己想當皇帝，就當皇帝，可是千萬不要殺高殷。」王晞勸高演效法周公「抱成王攝政七年，然後交還政權」，高演說「我何敢自比周公」。但是，最後形勢比人強，高殷仍然被廢，高演當上了皇帝，後來也殺了高殷，王晞只能選擇忠於高演，而無力扭轉大勢所趨。

歷久彌新說名句

北宋名宰相王旦提拔了很多人，由於他在朝廷上和辦公廳總是當面教訓人，百官都很怕他，一直到他死了，大家才知道，過去曾受過王旦的提拔。

范仲淹在王旦生前曾經問他：「為什麼提拔了，卻不讓人知道？」王旦表示，他只是為國舉才而已，「授爵公朝，感恩私室」的事情，他不願做。

名句可以這樣用

高演是王爺，所以用「拜」恩私「第」（王府）；王旦非親貴，不稱府邸，所以用感恩私「室」（辦公室）。用公家的名器結私人恩情就叫「公器私用」。

棄萬乘如脫屣

名句的誕生

意者[1]願聞殿下抗[2]目夷上仁之義[3]，執[4]子臧大賢之節[5]，逃玉輿[6]而弗乘，棄萬乘[7]如脫屣[8]，庶改澆競[9]之俗，以大吳國之風[10]。古有其人，今聞其語，能行之者，非殿下而誰！

～〈梁紀〉

完全讀懂名句

1. 意者：有心人士。非指居心不良，係指有此期待之意的人。
2. 抗：相比擬、效法。
3. 目夷上仁之義：目夷春秋宋桓公的庶長子。太子請求桓公將王位傳給大哥，但是目夷不同意，說：「能將國家讓出，還有比這更大的仁道嗎？」
4. 執：堅持。
5. 子臧大賢之節：春秋曹宣公在諸侯伐秦戰爭中陣亡。宣公的兒子欣時去迎接靈柩，另一位兒子負芻留守國內，可是迎回靈柩後，負芻卻殺了太子，自立為曹成公。欣時想要逃亡國外，國人都願意追隨他出亡，曹成公向欣時告罪，拜託他留在國內。後來諸侯討伐曹成公，將之押到周王那裡，建議周王立欣時為曹國國君，欣時不接受，並且流亡出國。子臧是欣時的字。
6. 玉輿：君王的乘車。
7. 萬乘：周代兵制「天子萬乘」（每乘兵車配備步兵三百人），故以萬乘喻天子。

8. 屣：木屐。

9. 澆：風俗澆薄。競：爭權奪位。

10. 吳國之風：周太公的大兒子泰伯讓位給三弟季歷（周文王之父），自己到南方，成為吳國的始祖，稱為吳太伯。

語譯：很多人都期待殿下能夠效法目夷的上仁之道，堅持子臧的不爭位原則，不乘帝王御車，放棄帝位如同脫掉木屐一樣（無得失之心），希望藉此改變爭權奪位的政治風氣（當時南北兩朝都不斷發生骨肉相殘奪位的事情），光大吳太伯的美德。古時候有那些偉人，今人流傳他們的名言，而能夠實踐這些盛德的，除了殿下還有誰呢？

名句的故事

這裡稱的殿下，是南梁晉安王蕭綱。當時梁武帝的太子蕭統死了，武帝立蕭綱為太子。

蕭統就是昭明太子，也就是《昭明文選》的主編（強力推薦《中文經典一〇〇句——昭明文選》），他很年輕就代父親處理政務，文采、仁愛且律己甚嚴，國人都非常敬愛他，聽到他的死訊，建康城內一片哀號哭泣之聲。由於這種心情，許多人期待梁武帝能立蕭統的嫡長子為皇太孫（指定繼位人），本文就是出自這種期待。——當然，蕭綱沒有接受這項建議，畢竟帝位太誘人了。

歷久彌新說名句

梁武帝中年最大遺憾是昭明太子早逝，他晚年最大錯誤是接納侯景投降（參閱「城門失火，殃及池魚」一章）。當時勸諫武帝提防侯景的一份諫表中就說侯景這個人「棄鄉國如脫屣，背君親如遺芥」，意謂「翻臉和翻書一樣容易」，但這裡是指「叛逆」，和「讓位」差別很大。

名句可以這樣用

同樣是「棄國如脫屣」可以有天壤之別的應用，但是都沒有錯用，我們也可以用「棄╳╳如脫屣」來形容任何一件完全不在乎的事物。

城門失火，殃及池魚

名句的誕生

但恐楚國亡猨[1]，禍延林木；城門失火，殃及池魚[2]。橫使江淮士子、荊揚[3]人物，死亡矢石[4]之下，夭折霧露[5]之中。

～〈梁紀〉

完全讀懂名句

1. 猨：猿猴。
2. 城門失火，殃及池魚：護城河是城防的重要一環，並稱之為城池。全句意謂城門鬧火災，汲取護城河裡的水來滅火，害得水裡的魚不得生存。
3. 荊揚：荊州是今武漢，揚州即今江蘇揚州，荊揚意指長江中、下游，含括了南朝領土的大部分。
4. 矢石：泛指兵器。
5. 霧露：形容戰事慘烈，霧中帶腥氣，露水帶血色。猶言腥風血雨。

語譯：只怕就像楚國走失了一隻猴子，為了抓猴子，卻砍掉了林木；城門失火，使得池中的魚遭殃。（侯景一旦叛變）將使得江淮地區（南朝的精華地區）的士紳與荊陽地區（長江中下游）的人物橫死於兵器之下，夭折於腥風血雨之中。

名句的故事

這是東魏皇帝的文膽杜弼寫的檄文中兩句，檄文的功能好比今日的政戰宣傳。

戰爭的起因是南梁接受東魏叛將侯景，引發

兩國之間為此大動干戈。

當時的北方局勢是，北魏帝國分裂為東魏與西魏，實質上執政的是兩個軍閥：東魏高歡與西魏宇文泰。侯景是高歡手下大將，鎮守河南地區十三州，位處東西魏與南梁之間。

高歡死，世子高澄繼任為東魏大將軍（實質執政者），侯景一向和高澄不睦，乃向西魏投降。西魏丞相宇文泰洞悉侯景不是真心，就召侯景入朝，侯景當然不肯離開根據地，但是西魏的「援兵」總司令王思政卻藉此占據了侯景的大半地盤（七州十二鎮），於是侯景向南梁投降。南梁武帝蕭衍當時已經在位四十六年，從初期的英明有謀略，變成老邁昏庸，他雖然也擔心侯景不是真心，可是卻貪得侯景的地盤，因而接納侯景，並且出兵攻東魏，以示誠意——應該叫侯景打前鋒以「試」其誠意，反而派自己軍隊去打前鋒！

杜弼的檄文分析個中利害：侯景是個反覆無常的貨色，是不可以信任的，終有一天他會叛變，屆時恐怕南方會陷入內戰，江淮、荊揚人士都將受兵火荼毒，希望你們想清楚，自求多福。

歷久彌新說名句

五代十國時的吳越王錢鏐和蕭衍有異曲同工之「貪」。當時一位有名的和尚貫休寫了一首詩給吳越王，請求入見，錢鏐很欣賞詩文，可是對詩中一句「一劍光寒十四州」有點意見，說「若改成『一劍光寒四十州』就准你入見」。貫休說「州不能添，詩也不能改」，就不去見錢鏐，往四川去見蜀王王建——錢鏐只要求改詩，不能跟蕭衍冒大風險收容侯景相比，但是「小朝廷卻做統一夢」，心情則一。

名句可以這樣用

本句的典故另有一說：有一個人姓池名仲魚（諧音「池中魚」），城門失火他被燒死，因而鄉人說「城門失火，殃及池魚」（出自《風俗通》）。

所憂在心腹，何暇治疥癬

名句的誕生

今所憂在心腹，何暇治疥癬！聞臺軍[1]不久應至，公但約勒[2]屬城[3]，使完壘[4]撫民以待之，雖失淅陽[5]，不足惜也。

〈梁紀〉

完全讀懂名句

1. 臺軍：中央軍。
2. 約勒：約束。
3. 屬城：所屬郡縣。
4. 完壘：做好防禦工事。
5. 淅陽：今河南省內鄉縣。

語譯：我們現在擔心的是心腹之患，哪有時間去治療皮膚病。聽說中央援軍不久就會到來，長官您只要約束轄下各郡縣，教他們修築好防禦工事，安撫老百姓心情，守住領土等待援軍即可。雖然失去一個淅陽城，也不值得惋惜。

名句的故事

時空背景是南北朝後期，北魏分裂為西魏、東魏之際的荊州三不管地帶。當時南梁與東、西魏都派了荊州刺史，各自據有地盤。

西魏荊州刺史獨孤信鼓動皖南山區的蠻酋樊五能，攻破了淅陽城。東魏荊州刺史辛纂想要發兵討伐蠻軍。行臺郎中李廣對辛纂說：「淅陽城四面都沒有人煙，所以只是一座孤城，附近山路難行，處處都是群蠻部落。現在若去討伐，派兵太少則不能克敵制勝，派兵太多則造成大本營（東魏荊州政府在穰城，今河南鄧縣，辛纂駐軍於此）空虛。萬一戰事不利，將大損威名，如果人心不穩，恐怕連州城都難保。」

可是辛纂執著於「守土有責」的信念，於是李廣就對他講了本文那一套「心腹之患與疥癬之疾」的道理，意思是眼前顧住州城根本為要務，不必介意淅陽。可是辛纂聽不進去，派兵去攻打淅陽，戰事不利，兵敗，諸將不敢回城，乾脆投奔南梁。

等到東魏援兵到來，又被西魏荊州刺史獨孤信擊潰，獨孤信乘勝進攻穰城，辛纂帶兵出戰（再次不自量力），大敗，退兵回城時，居然負責城門的人都跑了，因而城門大開，獨孤信軍隊長驅直入，辛纂被殺。

略為交代一下後面的故事：半年後，東魏將領侯景打敗獨孤信，獨孤信投奔南梁。

歷久彌新說名句

東魏、西魏後來分別被篡，北方成為北齊與北周對峙的局面。

北周宇文護率大軍攻打洛陽，圍城一個月攻不下來，宇文護派人挖塹壕，阻斷河陽路（黃河北岸的行軍之路），使得北齊援兵不能到達前線，雙方陷入僵局。

北齊武成帝高湛想要御駕親征，以解洛陽之圍，但卻顧慮北方的突厥，乃召來并州刺史段韶，徵詢他的意見。段韶說：「突厥只是疥癬之疾，北周進逼洛陽才是心腹之患，當然應該優先救援。」高湛於是下定決心，派段韶為先鋒，自率大軍開赴洛陽，擊退宇文護，解了洛陽之圍。

名句可以這樣用

當狀況緊急，且情勢複雜時，本句最用得上，也就是分清楚孰為「心腹之患」、孰為「疥癬之疾」，排出優先順序，逐步解決。最重要的是：不可忙著顧枝節問題，卻忽略了核心問題。

成大功者不謀於眾

名句的誕生

南安王楨[1]進[2]曰：「成大功者不謀於眾。今陛下苟綴[3]南伐之謀，遷都洛邑，此臣等之願，蒼生之幸也。」

～〈齊紀〉

完全讀懂名句

1. 南安王楨：北魏南安王拓跋楨。
2. 進：進言、奏請。
3. 綴：中止。本字應作「輟」。

語譯：北魏皇族南安王拓跋楨進言：「想要建立大功業，不能與眾人商量（意見太多則事不成）。如今若陛下中止征伐南方（齊帝國）的行動，將首都遷到洛陽，這將是臣子們共同的願望，也是人民的幸福。」

名句的故事

北魏孝文帝決定將帝國做一番全面性的大改革，首要之務是排除鮮卑拓跋氏親貴的阻力，因此計畫將首都由平城（今山西大同）遷到洛陽。但是他不能逕自宣布遷都（阻力將大到皇帝也擋不住），於是下令全面動員南征，皇帝御駕親征，政府官員隨行，將不能打仗又不會辦公的親貴撂在平城。

南征大軍到了洛陽，正遇上雨季，霪雨不止，孝文帝全副武裝策馬南向，群臣集體跪在馬前哭諫，孝文帝順水推舟說：「發動大軍已經到了這裡，如果無功而返，以後會更困難。如果現在要停止南征軍事行動，就遷都於此，下次南征就由此出發。各位王公意下如何？贊成的站左邊，反對的站右邊。」

以安定王拓跋休為首的王公大臣多數不願遷都，眼看情況不妙，南安王拓跋楨在關鍵時刻做本文之建言。此言一出，跪著的群臣山呼萬歲。事實上，大夥都不願遷都，可是更不願南征，於是遷都就此定案。

歷久彌新說名句

魏孝文帝拓跋宏推動改革的最大助手是堂弟任城王拓跋澄，最早擬議遷都就是跟拓跋澄商量，皇帝問拓跋澄：「王公貴族都在平城生了根，必定不願遷都，該怎麼辦？」拓跋澄說：「這是一樁非常之事，不是常人之所及。陛下一旦下定決心，那些人也不能有啥作為。」孝文帝說：「任城王真是我的子房啊！」

子房，是張良的字。漢高祖劉邦定都關中出自張良的建議，所以拓跋宏稱拓跋澄為「吾之子房」。而歷代開國主對自己最重要的謀臣，常常用「吾之子房」稱之。

至於拓跋楨，在此之前曾因罪當斬，幸得皇帝赦免，於是成為孝文帝的重要助力。他這一句「成大功者不謀於眾」是引用商鞅對秦孝公所言，商鞅說服秦孝公變法，也遭到秦國貴族與守舊派的反對，商鞅就對孝公說：「行動遲疑不決，就不能師出有名；做事猶豫不定，就不會成功，想要建立過去未有的大功業，就不能太顧慮眾人的議論。」以此堅定秦孝公變法的決心。

名句可以這樣用

「有非常之人然後有非常之事」、「成大功者不謀於眾」都是針對拿出魄力做改革的名句。然而，改革除了要有決心，更要有恆心，如果「五分鐘熱度」就不會成功，最後還被人譏笑是「雷聲大，雨點小」。

王者可私人以財，不私人以官

名句的誕生

今之選舉[1]，不採識治[2]之優劣，專簡[3]年勞[4]之多少，斯非盡才之謂。宜停此薄藝[5]，棄彼朽勞[5]，唯才是舉，則官方斯穆[6]。又勳舊之臣，雖年勤可錄而才非撫民者，可加之以爵賞，不宜委之以方任[7]，所謂王者可私人以財，不私人以官者也。

～〈齊紀〉

完全讀懂名句

1. 選舉：官方任命稱為「選」，地方推薦稱為「舉」。選舉就是任命官吏的意思，民主政治以投票產生公職，係沿用此辭。
2. 識：學識。治：治理。識治意謂能力。
3. 簡：任命。
4. 年勞：年資。
5. 薄藝、朽勞：對論資排輩任官制度的貶辭。
6. 穆：有兩個意思，「清」與「和」都稱穆。
7. 方任：方面重任。地方首長的意思。

語譯：現行的任官制度不依據治理能力的優劣，只計算年資多少，這不是人盡其才的方法。應該廢止這項不好的制度，只任命人才（不問年資，也不講關係），那麼政風自然清廉，政府內部自然和睦。至於那些有功勳的親貴與老幹部之中，年資很久但才能不足以服務人民的，可以賞給他們爵位或錢財，不應該將方面重任交給他們，這就是所謂「統治者可以給人錢財，不可以因私心授人官爵」。

名句的故事

北魏孝文帝以推動「胡人漢化」而名著青史，但即使撇開「漢胡思考」，純以一個國家領導人的身分來評斷，拓跋宏（元宏）確實為他的帝國推動了符合時代需要的重大改革。漢化運動不是只有改姓氏、改服飾而已，還包括改革官制、田制等，讓北魏帝國由一個游牧騎射民族建立的政權，改變為適應農業社會的政權。也因此，南北朝是以北方統一南方為結局，並且形成後來胡漢融合的大唐帝國。

本文是祕書令高祐對孝文帝提出的建議，同時期另一位名臣韓顯宗也提出建議：「君人者以天下為家，不可有所私。」此處所謂「以天下為家」不是四海為家、毫無牽掛的意思，而是「以天下人為家人」之意。韓顯宗的建言比高祐更推進一步：國庫的儲備（包括米以及錢財、物資）應以軍國之用為先，若有餘，與其賞給親貴，不如分賜鰥寡孤獨（社會福利）。

歷久彌新說名句

高祐的結論出自《漢書》的典故：〈佞幸列傳〉記載了八位得到皇帝寵信的佞幸之臣，但是漢文帝寵愛鄧通只有賜給他銅山，准他鑄錢而已，後來的寵臣漸漸干預國事，到了漢哀帝寵愛董賢（斷袖之癖的典故），父子皆為公卿，家人封侯爵、娶公主（駙馬），權傾當朝，但是結局卻以夫妻一同自殺收場。

班固在〈佞幸列傳〉的「贊」中寫下：「（董賢）位過其任，莫能有終，所謂愛之適足以害之者也……王者不私人以官，殆為此也。」

名句可以這樣用

官職是公器，官員是為人民服務而任命，才能不足卻仍任命，就會「愛之適足以害之」。但是在今日民主時代，執政者非但不能私人以官，除非是自己的私產，「私人以財」也不可以。

鑒形莫如止水，鑒敗莫如亡國

名句的誕生

昔隋之未亂也，自謂必無亂；其未亡也，自謂必無亡。故賦役無窮，征伐不息，以至禍將及身而尚未之寤[1]也。夫鑒形[2]莫如止水，鑒敗莫如亡國。伏願取鑒[3]於隋，去奢從約[4]，親忠遠佞，以當今之無事，行曩昔[5]之恭儉，則盡善盡美，固無可得而稱焉[6]。

～〈唐紀〉

完全讀懂名句

1. 寤：驚醒。引申為「覺悟」。
2. 鑒：照。形：形象、容貌。
3. 取鑒：借鏡、鑑戒。
4. 約：節約。
5. 曩昔：過去、以往。
6. 稱：讚美。無可得而稱焉：簡直找不到辭句來稱讚了。

語譯：當年隋朝尚未亂時，自以為不會亂；尚未亡時，自以為不會亡。所以才會毫無節制地課稅徵勞役，不停地發動戰爭，以致於大禍臨頭仍不覺悟。我們要照見容貌，最好的用具是平靜的水；照見政治敗因，最好的例子是覆亡的國家。建議以隋朝為借鏡，揚棄奢侈，推行節約，親近忠臣，疏遠佞臣，在如今這個太平時代，施行往日的恭儉作風，即就盡善盡美，簡直找不到辭句來稱讚了！

名句的故事

這是魏徵上疏進諫中的一段。魏徵為了什麼

事情上疏？原來是因為又有「群臣」請求唐太宗「封禪」，這已是第三次，前兩次都未獲批准，這一次太宗批示「由祕書監顏師古等研議封禪典禮儀式，由宰相房玄齡審定」。

所謂封禪，就是到泰山上添土祭天、到梁父山下闢場祭地。漢武帝是歷史上封禪最多次的一位皇帝，以後歷朝歷代，甚至分裂割據年代，只要皇帝功業盛大，就有臣子獻議封禪，以示皇帝足以「德配天地」。封禪是皇帝一生勳業的至高點，充分滿足了統治者的虛榮心，但是每次封禪勞師動眾，苦了沿途州縣百姓、耗光了國庫。

魏徵為此寫了有名的〈諫太宗十思疏〉，建議太宗要「自戒、知止、謙沖、大度、節欲、慎始終、納諫、正其身、不謬賞、不濫刑」，目的就在「曲言婉轉」希望太宗自己打消念頭，而不直接反對封禪。〈十思疏〉之後，又上了一道奏疏，就是以本文為重點，提醒「奢侈會亡國」。

歷久彌新說名句

《貞觀政要》記載：唐太宗在魏徵過世以後懷念魏徵說：「以銅為鏡可以正衣冠，以古為鏡可以知興替（國家興盛或政權轉移），以人為鏡可以明得失。如今魏徵去世，我少了一面鏡子了。」

如本文所言，魏徵是提醒唐太宗「以史為鑑」，而唐太宗做為古今度量最大的皇帝，則以魏徵這位直諫之臣為「人鑑」，寬宏之君與忠諫之臣留下了歷史上光彩的一頁。

名句可以這樣用

「鑒」與「鑑」是同一個字，如果一定要做區隔，則做動詞用時常寫作「鑒」，例如「鑒於」，做名詞用時寫作「鑑」，也就是鏡子，例如「鑑戒」。但是如鑑賞、鑑識、鑑定等詞，都可以鑒、鑑通用。

親君子，遠小人，納忠諫，屏讒慝，省作役，止遊畋

名句的誕生

妾[1]生無益於人，不可以死害人。願勿以丘壟[2]勞費天下，但因山為墳，器用[3]瓦木而已。仍願陛下親君子，遠小人，納忠諫，屏讒慝[4]，省作役，止遊畋[5]，妾雖沒於九泉，誠無所恨。

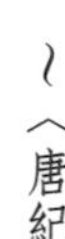
～〈唐紀〉

完全讀懂名句

1. 妾：長孫皇后對唐太宗之自稱。
2. 丘壟：墳墓。皇家陵墓工程浩大，因而「勞費天下」。
3. 器用：陵墓與棺槨。意指陵墓用瓦石即可，棺櫬用木棺不必銅棺。
4. 讒：馬屁精。慝：心懷不善。
5. 畋：田獵。國君田獵必定勞師動眾。

語譯：我活著時沒有造福人群，死了更不可拖累人民。希望不要為了修建陵墓而勞動人民、耗費國庫，只要依著山形修墳，以瓦為墓、用木棺即可。同時希望陛下繼續賢明作風：親近君子、遠離小人、採納忠臣諫言、摒棄馬屁與小報告（抓耙子）、節省人民勞役、停止出遊打獵。如果陛下能體察我的心意，我在九泉之下就沒有遺憾了。

名句的故事

這是長孫皇后的臨終遺言，〈赦者君子之不幸〉一章中提及她不願行大赦來為她祈福，此處記載她病重與唐太宗訣別。

長孫皇后的遺言有兩個重點：一是希望不要讓弟弟長孫無忌擔任宰相，以免位高權重引致禍患（但是太宗後來仍以長孫無忌為相，而長孫無忌最後被武則天流放、自縊身亡）；二就是本篇名句的規勸。

歷代英明皇帝的背後常常會有一位賢淑的皇后。長孫皇后可以媲美東漢明帝的馬皇后，兩人都懂得要求娘家兄弟不要太囂張，以免外戚干政的流弊。

本名句同時點出了一個專制君主最容易犯的六項過失：親小人、遠賢臣、聞過則怒、愛聽小話、好大喜功、玩物喪志。事實上這六項是常人都很容易犯的過失，但由於皇帝身繫國家重任，不能和常人一般隨興，所以得時刻警惕——皇后比任何人更有機會與地位規勸皇帝，可惜賢后比賢臣難得多矣！

歷久彌新說名句

諸葛亮〈前出師表〉：「親賢臣，遠小人，此先漢所以興隆也；親小人，遠賢臣，此後漢所以傾頹也。」之所以只舉本句六項中之兩項，是因為劉禪（阿斗）當時就有被小人包圍的問題。同時也說明了：一旦皇帝犯了六項當中兩項以上的過失，即使有諸葛亮輔佐也無濟於事。

至於文中「先漢所以興隆」、「後漢所以傾頹」，那是為了文章對仗好看，邏輯並不成立：前漢（西漢）若始終親賢臣、遠小人，哪會亡國？而後漢「明章之治」又何嘗不是親賢臣、遠小人？

名句可以這樣用

唐太宗後來教育太子（唐高宗李治）要「進賢退不肖」，這「賢」與「不肖」具有品德（君子、小人）與能力（能幹、糊塗）雙重意思，但用了「進」、「退」的動詞，就側重於對能力的評鑑，與本句「親」、「遠」側重品德有所區隔。

兼聽則明，偏信則暗

名句的誕生

上[1]問魏徵：「人主何為而明[2]，何為而暗[2]？」對曰：「兼聽[3]則明，偏信[4]則暗。……是故人君兼聽廣納，則貴臣不得擁蔽[5]，而下情得以上通也。」

～〈唐紀〉

完全讀懂名句

1. 上：唐太宗李世民。
2. 明、暗：以「明暗」譬喻決策良窳。
3. 兼聽：聽取多方面意見。
4. 偏信：聽信一面之辭。
5. 擁：通「壅」。壅蔽：蒙蔽。

語譯：唐太宗問魏徵：「國家領導人如何才會英明？如何才會昏庸？」魏徵回答：「聽取多方意見就會英明，只聽信一面之辭就會昏庸。……（舉堯舜兼聽的正面範例，與秦二世、隋煬帝的反面教材）所以國家領導人要聽取多方意見、廣納多方建言，於是近臣就無法蒙蔽實情，而基層的心聲就能傳達到最高層（決策品質就會良好）。」

名句的故事

唐太宗確實堪稱是歷史上最英明的皇帝，他的決策很少錯誤、發現錯誤立刻改正，就是因為他「兼聽而不偏信」。能做到這一點，是因為他有一班敢於犯顏直諫的大臣，而貞觀年間之所以有那麼多正直的大臣，則是由於唐太宗心胸寬大。

唐太宗有一次因為宮女演奏音樂「不諧韻」，責備主管音律的官員（太常少卿）祖孝孫。大臣溫彥博與王珪進諫：「陛下一向不喜愛女樂，卻為了音樂不好聽而責備大臣，我們認為並不適當。」唐太宗生氣地說：「朕將你們視為心腹大臣，你們就該忠以事奉我，怎麼可以為祖孝孫關說？這豈不是討好下屬、欺瞞上級！」

溫彥博見皇帝發怒，拜謝自責，但是王珪非但不下拜，反而說：「陛下要求我忠心正直，我此番發言豈是為了私心？這是陛下辜負臣屬，不是臣屬辜負陛下！」唐太宗聞言默然。

第二天，太宗對宰相房玄齡說：「自古以來，要求帝王採納諫言真是不容易。我昨天責備溫彥博與王珪，到現在仍感後悔。你們千萬不可因此而不再進言。」

歷久彌新說名句

要求一個集權力於一身的專制帝王納諫真的很難，且看一個亡國之君的反面教材：

南北朝南方最後一位皇帝陳後主（陳叔寶）將一位近臣傅縡下獄。傅縡是當初東宮（太子宮）老幹部，由於自負才氣，得罪很多人，因而被誣陷。下獄之後，傅縡自獄中上書：「做皇帝應該敬天愛民，陛下近來酒色過度、聽信小人弄權、視人民生命如草芥，搞得神怒人怨……。」

陳後主見書大怒，但是念及舊情，派人對傅縡說：「我有意赦免你，你能改過嗎？」傅縡回話：「臣心如面，如果面孔可以改，則心就可以改（意謂不可改）。」陳後主更加生氣，下令賜死獄中。

歷史上所有的「直臣」，大概都是自負才氣、人緣不佳的個性，運氣好碰到英明皇帝而有好下場的，少之又少。

名句可以這樣用

「兼聽則明，偏信則暗」還有另一個面向的意義：資訊（情報）來源愈多元，愈不會做出錯誤的判斷，也就愈不會做出錯誤的決策。

金剛不壞之身

名句的誕生

懷文[1]忽引槊刺世充，世充衷甲[2]，槊折不能入。……世充歸，解去衷甲，袒示群臣曰：「懷文以槊刺我，卒不能傷，豈非天所命乎！」御史大夫鄭頲謂世充曰：「臣聞佛有金剛不壞[3]身，陛下真是也。」

～〈唐紀〉

完全讀懂名句

1. 懷文：唐帝國將領王懷文。被王世充（鄭國皇帝）俘獲，不殺，反而留用身邊。
2. 衷：衣內。衷甲：在衣服裡面穿防身馬甲，猶古代之防彈背心。
3. 金剛不壞：金不變色，剛不變形，佛經中常以「金剛」比喻堅貞不變。

語譯：王懷文突然伸出槊（長兵器的一種）刺向王世充，王世充戰袍內暗穿防身馬甲，槊折斷而刺不進去。……王世充回到宮內，偷偷卸去防身馬甲，然後袒露上身向群臣展示，說：「王懷文刺不死我，莫非我就是真命天子嗎？」御史大夫鄭頲對王世充說：「我聽說佛祖有金剛不壞之身，陛下正是如此啊！」

名句的故事

隋末群雄當中，李密得人和：占有洛口倉，開倉賑飢，百萬流民追隨，聲勢最大；王世充則得地利：據有東都洛陽，擁立越王楊桐（皇泰帝），並且有全套官僚系統，與李密在中原對峙，互有勝負。

一方有人和，一方有地利，誰有「天時」就能勝出。王世充於是操弄「天命」：他先找出一個衛士張永通，說他「三度夢見周公」，周公托夢說會出兵（神兵）幫助王世充，於是為周公立廟，每次出戰都先到周公廟祈禱。而這一次「槊刺不死」，也是王世充裝神弄鬼諸多行為中的一幕。

至於御史大夫鄭頲說王世充有「金剛不壞之身」，倒不是為了拍馬屁，而是以此為名目，請求「棄官削髮為沙門，服勤精進，以資陛下之神武」——原來是不想當王世充的官，「看衰」王世充。而王世充裝神弄鬼卻並未「自我催眠」，他看清楚了鄭頲的本意，所以不准鄭頲出家。可是鄭頲卻「抗命」削髮穿僧服，王世充就殺了鄭頲。

歷久彌新說名句

佛教自東漢傳入中國，在南北朝時大流行：南朝梁武帝捨身入同泰寺當和尚，逼得群臣出錢將皇帝贖回來，唐朝詩人杜牧詩句「南朝四百八十寺」，足見佛教之鼎盛；北朝的北魏、東魏有好幾位皇帝篤信佛教，並在龍門、雲崗「做大佛」，這些石窟大佛也見證了當時佛教在北方的興盛——亦即隋唐時期佛教已深入大眾。

但是，佛經中說「世尊證得金剛不壞身」，指的是遠離「貪、嗔、痴」，諸法皆空，因而「無老死，亦無老死盡」的金剛不壞，也就是心靈修行的最高境界，所以說是「證得」，而非「修煉得到」。

後人誤解「金剛不壞之身」那個「身」字，所以有所謂「高僧坐缸成肉身舍利」，其實那就已經「著相」了。

名句可以這樣用

頗為常用的一句偈語「見怪不怪，其怪自敗；松柏不凋，金剛不壞」，也是勉勵人們自守本性，不為外物所迷惑，以證「金剛不壞身」——清澈洞明的心靈境界。

大功之後，逸欲易生

名句的誕生

以陛下[1]天資上聖，如不惑近習[2]容悅之辭，任骨骾正直之士，與之興大化[3]，可不勞而成也。若不以此為事，臣恐大功之後，逸欲[4]易生。進言者必曰：「天下既平矣，陛下可以高枕自安逸。」如是，則太平未可期矣！

～〈唐紀〉

完全讀懂名句

1. 陛下：唐憲宗李純。
2. 近習：近侍。
3. 興：建立。大化：文明興盛。
4. 逸欲：放縱欲望。

語譯：以陛下的天縱英明，如果能夠不被身邊馬屁精的巧言令色所迷惑，且能任用忠言直諫的君子，和他們一同建立燦爛的文明，事業可以順利推動、不費力即成功。但若不以此為要務（不肯聽諫），我深怕在建立大功勞之後，放縱欲望的心情很容易興起。一定會有人進言：「天下已經平定了，陛下可以高枕無憂，追求生活品質了。」如果真是這樣，那麼真正的太平將難以到來！

名句的故事

唐憲宗「元和中興」指的是「重振朝廷聲威」而非建立如貞觀之治、開元之治等的文明盛事，個中關鍵就是在本篇名句這八個字。

憲宗初即位時，全國四十八個節度使（藩鎮）轄下兩百九十五州當中，不向朝廷申報戶口

（課稅依據）的達十五鎮、七十一州，而「誠實申報」並上繳稅賦的只有東南八鎮四十九州，其他二十五鎮一百七十五州對朝廷則是「陽奉陰違，敷衍觀望」。

憲宗秣馬厲兵，以武力解決藩鎮跋扈的問題：最先開刀的是劍南西川節度使劉闢，接下來收拾了夏綏節度使楊惠琳與鎮海節度使李錡。平定三個小藩鎮，使得朝廷聲威大振，那些觀望的藩鎮開始向朝廷交心表態，而態度強硬的藩鎮乃陷入被孤立的處境。

接下去是比較艱苦的戰鬥，朝廷花了三年時間，調動十六鎮兵力，終於討平淮西節度使吳元濟。之後，淄青節度使李師道被叛將所殺、魏博節度使田興歸附（詳情參考「錢用盡更來」一章）、成德節度使王承宗納地請罪、盧龍節度使劉總上表輸誠。

到元和十四年（西元八一九年）春，全國藩鎮名義上向朝廷效忠，這是元和中興的高峰期。本文是李翺的上表，時間在同年夏天，但是卻被他不幸言中：憲宗開始迷信方士、祈求長生，隔年去世。他死後，河北三鎮又叛，且從此未能再收復。

歷久彌新説名句

大功之後，逸欲易生。但是大功之後，也可能滋生更大的野心。兩者都會造成事業由盛轉衰，差別在於，前者是「瓦解」，後者是「土崩」。

五胡亂華時期，前秦天王苻堅就是一例。苻堅用王猛為宰相，稱霸北方，王猛臨死勸諫苻堅「不可南征」，但是隨著涼州、西域捷報一再傳來，苻堅於是發出「投鞭斷流」的豪語，動員百萬大軍南征，卻在淝水大戰慘敗，帝國一夕崩潰！

名句可以這樣用

企業經營的道理也是一樣。攻下一個市場之後，常見兩種情形：一是「大功之後，逸欲易生」，一是「大功之後，野心橫生」，前者因懈怠而衰弱，後者因躁進而驟敗。

自我修為

兩姑之間難為婦

名句的誕生

堅[1]為開府儀同三司[2]、小宮伯[3]，晉公護[4]欲引以為腹心[5]。堅以白忠[1]，忠曰：「兩姑之間難為婦，汝其勿往。」堅乃辭之。

～〈陳紀〉

完全讀懂名句

1. 堅：楊堅，後來的隋文帝。忠：楊堅的父親楊忠。
2. 開府：大官得以自己建立官署。儀同三司：出入儀仗比照三公。南北朝時，開府儀同三司的授予浮濫，形同虛銜。
3. 小宮伯：北周帝國採用周朝官名，宮伯是禁軍侍衛長，小宮伯是副手。
4. 晉公護：北周當時的執政大將軍宇文護，他是北周武帝宇文邕的堂兄，封晉王。
5. 腹心：心腹。

語譯：楊堅擔任北周帝國的開府儀同三司、皇宮副侍衛長，晉公宇文護想要拉攏他進入自己的執政團隊核心。楊堅對父親楊忠報告此事，楊忠勸兒子：「兩個小姑之間，媳婦很難做，你還是不去的好。」楊堅於是婉謝宇文護的邀請。

名句的故事

宇文護是北周篡西魏的導演，在開國主宇文泰病逝後，逼西魏恭帝「禪位」給北周孝閔帝宇文覺，自己連續擔任三個皇帝的執政大將軍。本文故事的時間背景是皇帝宇文邕已經壯年，並且展現了領導氣質，經常自己帶領軍隊出巡。宇文護對皇帝有戒心（因為功高震主），皇帝更不放心這位久掌大權的堂兄，最後是以太后名義將晉王騙進禁宮殺害。

在如此「一山難容二虎」的局面中，楊忠勸兒子不選任何一邊，是比較保守的策略——萬一選錯邊，可是滅門的風險，不如等到二虎相爭有了結果，再效忠勝者。

北周武帝殺了宇文護，將大權一把抓之後，對楊堅界以重任。當權的大司馬宇文憲忌諱楊堅的才能，一再建議殺掉楊堅，可是楊堅平日賄賂皇帝近臣，近臣都幫他說好話，後來甚至成了太子的丈人、皇帝的親家，最終楊堅篡了外孫的龍位，建立隋朝。

歷久彌新說名句

春秋時，晉獻公寵愛驪姬，驪姬害死太子申生，想要立自己的兒子奚齊為太子，獻公的次子重耳逃到蒲、三子夷吾逃到屈。晉獻公命大夫士蒍幫兩位公子在蒲與屈築城，士蒍是個風派，他揣摩上意，故意偷工減料，公子夷吾向老爸告狀，獻公派使節去譴責士蒍。士蒍對使節說：「國君若能行仁政，就能保護子孫，何必築城？三年內就要興兵打這城了，幹嘛修得太堅固？」使者走了以後，士蒍感慨賦詩：「一國三公，我聽誰的好呢？」

使者只有口頭譴責，而不是將士蒍捉回京城問罪，可見晉獻公並無意要士蒍築兩座堅城，反而若後來攻打蒲與屈時，城池太堅固，久攻不下，士蒍還會倒楣。

楊堅比士蒍幸運，因為他可以選擇不表態、不選邊，士蒍則已經陷入「兩姑之間」，明確一點說，是「三公之間」。

名句可以這樣用

俗諺有所謂「兩大之間難為小」，與本句意思一樣。在舊社會中，媳婦常受小姑的欺負，更何況處在「兩姑之間」，現代人比較不易體會個中情境，就用「兩大之間難為小」吧！

護其所短，矜其所長

名句的誕生

賀琛之諫未至於切直[1]，而高祖[2]已赫然震怒，護其所短，矜其所長；詰[3]貪暴之主名，問勞費之條目，困以難對之狀[4]，責以必窮之辭。自以蔬食之儉為盛德，日昃之勤[5]為至治，君道已備，無復可加，群臣箴規，舉[6]不足聽。

～〈梁紀〉

完全讀懂名句

1. 切直：嚴厲且直接。
2. 高祖：南梁武帝蕭衍諡高祖。
3. 詰：質問。
4. 對：回答。狀：情況。
5. 昃：日偏西，意指下午。日昃之勤：梁武帝勤於政事，經常錯過午餐，到下午才進食。
6. 舉：全部。

語譯：（南梁散騎常侍）賀琛的諫章措辭稱不上嚴厲且直接，梁武帝蕭衍就已經大發脾氣，為自己的短處辯護，並且誇耀自己的長處。質問賀琛所說「貪暴」是指何人？又質問所說「浪費」是哪些條目？用難以回答的情況將他困住，用肯定辭窮的問題去責備他。自以為皇帝省吃儉用就是偉大的德行，以勤於政事耽誤午餐為偉大政績，國君的美德已經完備，不能再增添了，群臣的規勸全都不值得採納。

名句的故事

賀琛上書提出四點：一、邊境州縣老百姓不

堪地方官的徵斂，以致流移他鄉；二、社會奢靡之風過甚，應提倡節儉；三、陛下非常勤勞，百司都直接向陛下報告，卻使得官員處理人民事務時吹毛求疵、太過苛細，甚至作威作福；四、當前沒有戰爭，政府支出卻仍然龐大，應精簡費用，減輕老百姓的負擔。

梁武帝見了奏章，大怒，把文書官叫來，親自口述敕書，責備賀琛，大意為：朕即位四十餘年，各種建言我都莫不採納。你不應該含糊籠統，為何不具體指出哪個刺史橫暴？哪個太守貪殘？行政與司法部門某某人姦猾？哪個欽差剝削老百姓？誰送了多少紅包給誰？這樣朕就得以將貪官汙吏誅殺或罷黜。如果一家一家去搜檢，豈不增加苛擾？如果指的是朝廷，我哪有奢侈？我宮中幾乎只吃菜蔬，做法會的食材都取自宮中菜園。朕勤於政事，經常過了中午才進午餐。你應該具體指明是誰吹毛求疵？那個單位、哪一項費用應減？只要你具體奏報，朕一定發交行政部門辦理。

看到如此口氣的御批，賀琛哪還敢再講什麼？只能謝過（認錯自責）而已！

歷久彌新說名句

梁武帝在南北朝一百五、六十年間，稱得上是一個好皇帝，在征戰不斷的亂世當中，建立了數十年和平文明。

就在賀琛上書之前十年，尚書右丞江子四上書建言；措辭直接地批評朝政，梁武帝下詔：「古人說『屋漏在上，知之在下』，朕有過失，自己不能發覺，行政部門對江子四的各項建言，應針對於民有利者，上奏施行。」顯示梁武帝確有聽諫之雅量——問題出在他在位太久了，這件事發生後三年，侯景叛兵攻入建康，梁武帝餓死在宮中。

名句可以這樣用

成語「護短矜長」、「矜長護短」都是同一典故，另一句警世格言「莫道人短，勿炫己長」也是由此衍生。

寧可玉碎，何能瓦全

名句的誕生

定襄[1]令元景安，虔[2]之玄孫也，欲請改姓高氏，其從兄景皓曰：「安有棄其本宗而從人之姓者乎！丈夫寧可玉碎，何能瓦全！」景安以其言白[3]帝[4]，帝收[5]景皓，誅之；賜景安姓高氏。

～〈陳紀〉

完全讀懂名句

1. 定襄：縣名，今山西忻縣。
2. 虔：北魏陳留王拓拔虔（拓拔氏後改元氏）。
3. 白：告訴。
4. 帝：北齊文宣帝高洋。
5. 收：逮捕。

語譯：定襄縣令元景安是過去北魏開國之勛陳留王拓拔虔的玄孫，想要請求改姓高（北齊皇帝姓氏），他的堂兄元景皓說：「哪有捨棄自己的姓氏，改成別人（仇人）姓氏的道理！大丈夫寧可玉碎，怎可委曲求全！」元景安將堂兄的話報告皇帝（高洋），高洋逮捕元景皓處死；賜景安姓高。

名句的故事

北魏帝國後來分裂為東魏與西魏，分裂的原因是皇室衰微，軍閥當權，而兩大軍閥高歡與宇文泰對立，各擁一帝，因而分裂。

高歡的兒子高洋，殺孝靜帝篡東魏，他在晚年因情緒不穩定而變得暴虐異常。高洋有一次問彭城公元韶（東魏皇族）說：「劉秀（東漢光武帝）怎麼能夠中興？」元韶答：「因為王莽沒有把姓劉的殺光（因而人心思漢）。」

就因為元韶這一句自取殺身之禍的話，高洋下令把所有姓元的，不分男女老幼，全部屠殺。元韶自己一族十九家全被捕，元韶本人被囚禁地牢，斷絕飲食，元韶吞食衣服的袖子，最後仍然餓死。

其他三代以內受封過王爵或當過大官的元氏族人，通通綁到東市斬首。兵士將兒童拋到空中，用矛尖在下方接住（！）刺穿而死，前後殺了七百二十一人，屍體全投入漳水，漳水的魚肚中往往找到人類的指甲，鄴都（今河南臨漳縣）人民為此很久不敢吃魚。

元景安只是這場大屠殺過程中，一個欲求自保的小人物而已，他的堂兄元景皓則是衰微皇族裡，一個仍懷莫名其妙自尊心的皇室成員——元景安可以向當權者乞憐以求自保，元景皓可以不必教訓堂弟，而元景安亦可不必告狀。危機臨頭，人的反應總不能以常理相度，元景安已經陷入恐慌，被元景皓一罵，害怕加深，更兼以羞愧，因而告發堂兄——這是非常可能的一種情形。

歷久彌新說名句

「玉碎」一詞應該是取意自「藺相如完璧歸趙」：秦王假意要「以十五城換和氏璧」，趙國談判代表藺相如做勢要砸碎和氏璧，因而保全了和氏璧，安全送回趙國。

元景皓說「何能瓦全」就有自己仍以元氏皇家血統為傲的意思，且將高氏比擬為「瓦」，這當然是自尋死路的一句話，但總算是有骨氣的話，肯定比元韶那一句蠢話有意義多了。

名句可以這樣用

現在比較常用的句子是「寧為玉碎，不為瓦全」或「寧為玉碎，不做瓦全」，通常用於「拚至最後一兵一卒也不投降」，強調必死決心，而非虛榮。

知己之短，不掩人之長

名句的誕生

湛僧智[1]可謂君子矣！忘其積時攻戰之勞，以援一朝新至之將，知己之短，不掩人之長，功成不取，以濟其事[2]，忠且無私，可謂君子矣！

～〈梁紀〉

完全讀懂名句

1. 湛僧智：人名，南梁譙州刺史。
2. 濟：渡河至彼岸曰濟，引申為「完成」之意。以濟其事：讓事情圓滿完成。

語譯：（司馬光評論）湛僧智稱得上是一位君子了！忘了自己長時間攻戰的功勞，並且將功勞歸給新來的將領，知道自己不足之處，更能不掩蓋別人的優點，大功告成而不爭功，讓事情能夠圓滿完成，既忠且無私，真稱得上是君子啊！

名句的故事

湛僧智率梁軍圍攻廣陵城，守將是北魏東豫州刺史元慶和，雙方鏖戰二十個月。北魏將領元顯伯帶兵前往助守，南梁司州刺史夏侯夔則帶兵前往助攻。夏侯夔兵先到，元慶和在絕望心情之下舉城投降。夏侯夔讓湛僧智先受降，湛僧智對夏侯夔說：「元慶和願意向你投降，不願向我投降。如果我現在去受降，必定讓他內心不爽。同時，我的部下很多是臨時招募而來的烏合之眾，一旦入城，軍紀難以約束。閣下治軍一向嚴格，必定不會侵犯百姓，適合前往受降。」

於是夏侯夔登城受降，拔去北魏旗幟，換上南梁旗幟。元慶和帶領軍隊整隊出城，城中官吏與人民安然如常，南梁得到一個四萬多人的城鎮。

湛僧智考慮得很周到：他與元慶和對戰了二十個月，雙方都有面子問題，如果元慶和願意投降的話，早就可以投降了。假若看見前來受降的是湛僧智，有可能反悔，或將校軍士不依，就會發生變數。萬一因而生變，再拖上十天半個月，北魏元顯伯援軍抵達，勝負又難料矣！

但司馬光稱讚他的不是判斷周到，而是度量寬宏。試問，有幾個人做得到將長年辛苦的功勞，在成功之日，拱手讓給新來的人？

歷久彌新說名句

曾國藩領導湘軍反攻太平天國，終於勝利在望，只剩天京（金陵、南京）尚未攻下，而主持圍攻金陵的正是他的九弟曾國荃。曾國荃久攻不下，北京朝廷催逼曾國藩，而湘軍將領都曉得曾國荃想要獨攬這一樁功勞，誰也不願意去搶這位性情暴烈的「九帥」的功勞，自討沒趣。

但是朝廷壓力太大，曾國藩不得不下令李鴻章與左宗棠進兵金陵，並且寫信給曾國荃：「九弟你已經有打下安慶的大功一件，少荃（李鴻章字）也有平定江蘇之功，季高（左宗棠字）有平定浙江之功，大家都有功勞了，這克服江陵的功勞，何妨眾人共得？」

但李鴻章和左宗棠仍然故意緩緩進軍，給曾國荃時間攻陷金陵。但結果卻是：曾國荃入城後，縱兵大掠三天！倒楣的是老百姓。

兩相對照，湛僧智不但比曾國荃無私，也比他疼惜人民。

名句可以這樣用

寬宏大度常能換來好名聲，所以「不掩人之長」比較容易做到；相對地，「知己之短」是內斂修養，反而不容易做到。

聞名不如見面

名句的誕生

景伯[1]母崔氏，通經，有明識。貝丘[2]婦人列其子不孝，景伯以白[3]其母，母曰：「吾聞聞名不如見面，山民[4]未知禮義，何足深責！」乃召其母，與之對榻共食，使其子侍立堂下，觀景伯供食[5]。未旬日，悔過求還；崔氏曰：「此雖面慚，其心未也，且置之。」凡二十餘日，其子叩頭流血，母涕泣乞還，然後聽[6]之，卒[7]以孝聞。

～〈梁紀〉

完全讀懂名句

1. 景伯：人名，姓房。北魏東清河太守。
2. 貝丘：縣名，屬東清河郡。
3. 白：告訴。
4. 山民：鄉下人。
5. 供食：侍候進食。
6. 聽：相信。
7. 卒：終於。

語譯：房景伯的母親崔氏讀過很多書，非常有見識。東清河治下貝丘縣有一位婦人控告自己的兒子不孝，房景伯將案情向母親陳述，母親說：「我聽說『聞名不如見面』，鄉下人不懂禮義（未受教化），不應該太過苛責！」於是將那位婦人召來，崔氏與婦人在榻上對坐一同用餐，叫那兒子在堂下站著，看房景伯侍候母親進食。這樣不到十天，那兒子表示懺悔，請求回家。崔氏說：「這雖然表面慚愧，但內心並未真有悔意，還是留他們一陣子。」二十多天後，那兒子叩頭流血滿面，那母親也一把鼻涕一把眼淚請求讓他們回家，房景伯這才相信那兒子真有悔意，後來終於成為眾人稱誦的孝子。

名句的故事

《資治通鑑》在那前後兩百多年間（東晉南北朝），記載了無數父子相戮、兄弟相殘的歷史事件，那是一段沒有親情、沒有道義、沒有原則的年代。

少數像房景伯與他的母親這種仁厚傳家，以教化代替管束的儒家典範，《通鑑》編輯群真是如獲至寶，書之唯恐不詳盡。

除了本文故事之外，關於房景伯的記載只有短短六十九字，記載他不念舊惡，感動了山賊的事蹟。《魏書》對房景伯的結局記載是：後因母病辭官，母親過世，居喪期間因哀思過度，不食鹽菜，患「水病」（浮腫）而亡。

歷久彌新說名句

漢宣帝時，西北方羌民族多受匈奴之利誘，回到湟水流域游牧，這使得匈奴與西域中間恢復了交通（原本被漢帝國隔出一條真空地帶），破壞了漢帝國的戰略布局，漢宣帝乃派趙充國率軍前往「平叛」。

漢朝中央政府群臣七嘴八舌對戰術發表意見，趙充國說：「百聞不如一見。且讓我盡快趕赴前線，再將現場情勢繪製成圖，建議作戰方略。」漢宣帝採納。

名句可以這樣用

「聞名不如見面」與「百聞不如一見」用法上稍有區隔：前者對人，後者對事。另外還有變化形的應用：「聞名不如見面，見面勝似聞名」，加了一句，成為應酬場合的奉承話，意思是名不虛傳；而單用「見面不如聞名」就是說別人浪得虛名的貶意用法了。

一心可以事百君

名句的誕生

古人言「一心可以事[1]百君」。我為政端[2]平，待物[3]以禮，悔吝之事[4]無由而及[5]；明闇短長[6]，更是[7]才用之多少耳。

～〈宋紀〉

完全讀懂名句

1. 事：動詞，事奉、為主子服務。
2. 端：正。用法同「端坐」的「端」。
3. 物：人。
4. 悔吝之事：事後後悔與後來發生副作用的事情。
5. 由：同「由來」之「由」。及：到臨。無由而及：不可能降臨在我身上。
6. 明：聰明。闇：愚笨。短：短拙。長：能幹。
7. 更是：正是。

語譯：古人說得好「一片誠心可以事奉一百個君王」。我為政正直公平，待人以禮，所以每一項措施將來都不會後悔，也不會出紕漏，那種會被「捉包」的事情沒有機會降臨在我頭上；用人的標準則以其天資與才能做為標準（唯才是用不偏私就不會招致反彈）。

名句的故事

這裡描繪了一個專業文官不涉入政爭、不循私的典型模範。

南朝劉宋帝國山陰人張岱先後擔任五王的重要參謀：巴陵王劉休若、臨海王劉子頊、豫章王劉子尚、晉安王劉子勛，以及新安王劉子鸞。

南北朝時「流行」政變（南北皆然），兄弟相攻、叔侄相伐的事情一年可以發生好幾起。皇室衰微後，軍閥篡奪，改朝換代後又是同姓相攻伐。在那個年代，由於不信任異姓將領，所以封王子為王，並兼大州刺史，而中央與諸王、諸王相互之間又缺乏互信。因而其用人標準乃傾向以「忠誠」為優先考量，入了哪一個王的幕下，就貼上了「某王」標籤，文官武官都沒有中立的空間。

張岱是一個異數，他先後在五王幕下服務，地方行政與王國業務都辦，並且和各軍區的司令（主帥）、政戰部主任（典籤）共事，任務都能順利完成，難得的是還能和睦相處。

就有人問張岱：「你事奉過的諸王都年幼，底下每個部門都有本位主義，你怎麼能夠公、私都處理得那麼好？」

張岱的回答，就是本文所述「一心」與「端平」。

歷久彌新說名句

舉一個對照例子。當時的皇帝是宋孝武帝劉駿，他下詔要求全國對政治直言無諱，盧陵郡長周朗以為皇帝真的望治心切，於是進了一大篇「直言」，下場是被判決流放寧州（今雲南），但是他甚至沒能到達寧州，中途就被使者追殺。周朗叩辭（判刑還得謝恩）時，侍中蔡興宗與他握別，當即被削去官職（以平民身分工作）。易言之，正直而不丟官是運氣很好的事情，而一旦被歸為「某王一黨」，每次政爭就是一次殺頭危機。所以說，張岱「歷事五王」仍能公私皆順，在當時是一個非常特殊的例子，也才會被史書記載。

名句可以這樣用

岳飛論兵法的名句「運用之妙，存乎一心」，這「一心」是靈活、彈性的意思；而本句「一心可以事百君」是堅守原則的意思；兩者的用法差別很大。

貧賤常思富貴，富貴必履危機

名句的誕生

長民[1]弟輔國大將軍黎民說長民曰：「劉氏[1]之亡，亦諸葛氏之懼也，宜因裕[1]未還而圖之。」長民猶豫未發，既而歎曰：「貧賤常思富貴，富貴必履危機。今日欲為丹徒布衣，豈可得邪！」

～〈晉紀〉

完全讀懂名句

1. 長民、劉氏、裕：分指東晉安帝時桓玄叛亂，復興晉室的三位要角：諸葛長民、劉毅、劉裕。在政權到手之後，三人開始政治鬥爭，最後還是槍桿子裡出政權，劉裕除去兩個政敵，獨攬大權，終於篡晉建立宋帝國（史稱南朝劉宋）。

語譯：諸葛長民的弟弟勸老哥：「劉毅被劉裕擊敗自殺，這也是我們諸葛氏應當戒慎恐懼的警訊。應該在劉裕出征未返回建康的時候發動攻擊。」諸葛長民猶豫不決，思考許久之後嘆氣說：「人在貧賤的時候總想要得到富貴，可是富貴了以後卻總是陷身危機。今天即使想要回到故居丹陽當一個平凡老百姓，又怎麼可能呢？」

名句的故事

劉裕是賣草鞋出身，劉毅與諸葛長民是世家出身，但是劉裕有軍事天才，在南北對抗連年征戰的歲月中，很快爬升。劉毅與諸葛長民看不起劉裕，可是決斷與戰略都不如劉裕，所以不是對手。

劉裕除劉毅，先翦除劉毅的弟弟劉藩與智囊事謝混（音ㄎㄨㄣ），然後上書數陳劉毅罪狀，由皇帝下詔討伐劉毅，劉毅兵敗逃亡，夜裡投宿牛牧寺，寺僧說「因劉衛軍（劉毅官居衛將軍）令不敢收容陌生人」（完全是商鞅「作法自斃」的翻版），於是自縊而死。

諸葛長民曉得下一個就輪到他了，可是卻一直猶豫不決。劉裕非常清楚諸葛長民的弱點，於是先遣帳下勇將王誕回京，之後分批將輜重送回建康，諸葛長民與眾公卿好幾次在新亭（建康城外）等候劉裕，可是都沒等到。有一天，劉裕輕舟徑進，潛回太尉府。隔天一早，諸葛長民聞訊大驚，趕往太尉府，劉裕請諸葛長民入府談話，埋伏勇士殺了諸葛長民。

歷久彌新說名句

秦始皇削平六國、統一天下的第一功臣李斯是楚國上蔡人，秦帝國建立後，廢封建、立郡縣，統一度量衡、貨幣與文字，乃至焚書坑儒都是李斯提出的政策。

秦始皇死，李斯與趙高合作導演了一齣宮廷政變——殺世子扶蘇，擁立秦二世。至此，李斯的權勢達到頂峰。但是，不久之後就被趙高鬥垮——判決在咸陽市中腰斬。

李斯和兒子李由一齊押赴刑場途中，李斯對兒子說：「我回想從前，和你一同牽著黃狗到上蔡東門去獵兔子的情景，現在哪有可能呢？」

問題在於，追逐權力的人在追逐權力的過程中，有哪一個曾經停下腳步來想想「貧賤時光」呢？一個也沒有。還不都是在失去權力，甚至失去腦袋的前一刻，才「感嘆」一番！

名句可以這樣用

套用資本主義的道理：利潤與風險是相對的。政治的最高利潤是生殺予奪，所以風險相對就是身亡家滅——富貴必履危機，對呀！

一之謂甚，其可再乎

名句的誕生

后[1]有美色，超[2]將納之，謂其父右僕射桓[3]曰：「后若自殺，禍及卿宗！」桓以告楊氏。楊氏曰：「大人[4]賣女與氐以圖富貴，一之謂甚[5]，其可再乎！」遂自殺。

～〈晉紀〉

完全讀懂名句

1. 后：後涼王呂纂的皇后楊氏。
2. 超：後涼兵變領袖呂超。
3. 桓：楊皇后的父親楊桓。
4. 大人：楊氏稱父親為大人，有譏誚之意。下文稱嫁女為「賣」，也是同意。
5. 甚：過分、過頭。

語譯：（後涼王國發生兵變）楊皇后長得很美，呂超想要納她為妾，就對她的父親右僕射楊桓說：「皇后如果自殺的話，將會害及你們全家！」楊桓將呂超的恐嚇告知皇后，楊皇后說：「僕射大人將女兒賣給氐人（後涼呂氏為氐族）以換取富貴，一次就已經很過分了，這種事情可以做第二次嗎？」於是自殺盡節。

名句的故事

呂纂與呂弘受呂光遺命輔佐呂紹（詳見「兄弟輯睦則祚流百世」一章），紹、纂、弘是兄弟，但堂兄弟呂超一直「提醒」呂紹，說呂纂有不軌之志，造成兄弟猜疑，最後呂纂發動兵變，奪了王位。

兄弟間猜忌既生，呂弘怕呂纂害他，因此先

發動兵變，呂弘大敗逃亡。呂纂將呂弘族中婦女賞給軍士（慰安婦），呂弘的妻子也在其中。侍中房晷哽咽流涕進諫，呂纂乃將呂弘的妻子安置在東宮。

呂超於兵變時逃出京城，呂纂惜其將才，任命呂超為番禾太守。但是呂超內心始終不安，與哥哥呂隆一同發動兵變，刺殺呂纂，呂隆成為下一任北涼王，但國力已衰，不久就亡於後秦。

楊皇后諷刺父親賣女求榮，說「一之謂甚，其可再乎」。呂氏兄弟、堂兄弟之間相互攻伐，卒至國亡家滅，不也是「一之謂甚，其可再乎」？

歷久彌新說名句

楊皇后這句名言典故出自《左傳》，也就是成語「脣亡齒寒」的典故：

晉文公向虞國借路征伐虢國，第一次虞公貪圖美玉與名馬，不但答應借路，而且發兵擔任先鋒打虢國（同是貪心，既貪玉、馬，又貪土地），兩國聯軍攻取虢國的下陽地區。

第二次晉國又來借路，虞國大夫宮之奇勸諫虞公：「晉國的野心不可以引動，外國軍隊過境不可以成為習慣而不防備。一次已經過分，怎麼可以有第二次？況且，虞國和虢國是脣齒相依的關係，要知道『脣亡齒寒』的道理啊！」可是虞公認為晉侯和他同是姬姓，應該不會相害。宮之奇說：「如果要論血緣，虞與虢的遠祖是姬姓同一支，晉是姬姓另一支，晉國既然要滅虢國，又豈會在乎虞國？」虞公不聽。結果，晉軍滅了虢國之後，回師途中「順便」滅了虞國。

楊皇后說出這句名言，表示她讀過《左傳》。可惜她的夫家兄弟卻骨肉相殘，不懂個中道理，最後亡於外人。

名句可以這樣用

常見到「一之為甚，豈可再乎」的用法，字意上並無扞格，且比較接近現代語法，可以不必太「在乎」原句。

寧使人負我，我不忍負人

名句的誕生

羅仇[1]弟麴粥[2]謂羅仇曰：「主上荒耄[3]信讒，今軍敗將死，正其猜忌智勇之時也。吾兄弟必不見容，與其死而無名，不若勒兵向西平，出苕藋，奮臂一呼，涼州不足定也。」羅仇曰：「誠如汝言。然吾家世以忠孝著於西土，寧使人負我，我不忍負人也。」

～〈晉紀〉

完全讀懂名句

1. 羅仇：姓沮渠，名羅仇，後漢時匈奴沮渠王的後代，世居張掖。
2. 麴粥：全名沮渠麴粥。
3. 耄：年老。古人七十曰耄，八十曰耋，形容長壽之辭「耄耋」。

語譯：沮渠羅仇的弟弟沮渠麴粥對老哥說：「主上（後涼帝呂光，氐族）老邁昏庸、聽信讒言，如今軍事失利，離死不遠，現在正是他會猜忌人才的時候。以咱們兄弟的智勇，肯定不見容於他和他周邊的小人，與其默默而死，不如領兵向西平郡，出苕藋峽，召喚匈奴族人響應，涼州將不是咱們對手。」沮渠羅仇說：「你說的話很有道理。但是咱們家族世居住西域一帶，以忠孝著稱。（為了家聲）寧可讓別人辜負我，我不忍辜負別人。」

名句的故事

當中原陷入五胡爭霸的黑暗期，如今甘肅省一帶先後出現前涼與後涼兩個王國，基本上維持割據局面，人民還算安定。後涼王呂光原本是一位英明之王，但是年紀老了以後，判斷力不如壯年，主力軍隊交給弟弟呂延，呂延與西秦王乞伏乾歸（鮮卑族）開戰，敗死，後涼勢力頓時大為衰弱。

沮渠羅仇在後涼擔任尚書，並掌握自己的「盧水胡」部隊，由於沒有採納弟弟的建議（如前述），果然被讒言所害，兄弟倆都被冤殺。

羅仇的侄兒沮渠蒙遜是個英雄人物，藉羅仇與麴粥的喪禮，集合一萬多名部族勇士，哭訴後涼暴虐，於是起兵殺仇。沮渠蒙遜後來成為北涼王。

歷久彌新說名句

真正有名的其實是本句的「反句」，也就是三國曹操講的那句「寧教我負天下人，休教天下人負我」。事實上，這一句是《三國演義》醜化曹操最狠的一記，曹操因此成為一個恩將仇報的奸徒。

正史對這一段的記載，也有幾個不同版本：《魏書》說是曹操逃亡途中，拜訪老朋友呂伯奢，呂伯奢不在，呂家賓客企圖打劫曹操，曹操「手刃擊殺數人」；《三國志・裴松之注》說是呂家誠意招待曹操，曹操疑心病發作，殺了呂家八人離去；孫盛《雜記》說是曹操聽到後面廚房聲響，以為呂家人要害他，於是趁夜殺人。……殺人之後，悽愴自語（自我圓場）：「寧我負人，毋人負我！」

無論如何，相隔一百多年，一位匈奴族的土豪還比曹操更堅持家聲門風，這也可以稱作「禮失而求諸野」吧！

名句可以這樣用

「寧使人負我，我不忍負人」和「寧我負人，無人負我」都堪稱力道萬鈞的句子，小說人物一旦此語出口，其個性立即讓讀者感受深刻。而「寧教我負天下人，休教天下人負我」更是羅貫中神來之筆——一個亂世奸雄的形象躍然紙上。

王者無戲言

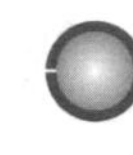

名句的誕生

堅[1]謂萇[2]曰：「昔朕以龍驤[3]建業[4]，未嘗輕以授人，卿其勉之！」左將軍竇衝曰：「王者無戲言，此不詳[5]之徵也！」堅默然。

～〈晉紀〉

完全讀懂名句

1. 堅：前秦天王苻堅。
2. 萇：羌族領袖姚萇，後秦建國君主。
3. 龍驤：龍驤將軍。苻堅在登上王位之前官居龍驤將軍。
4. 建業：建立大業。
5. 詳：同「祥」。

語譯：苻堅對姚萇說：「當年我就是自龍驤將軍這個位子建立帝國大業的，所以從來不輕易封這個職位，你要好好地幹啊！」左將軍竇衝對苻堅說：「做君王的人不應該隨口說話，那（句話）是不祥的徵兆啊！」苻堅默然不語（後悔說了那句話）。

名句的故事

苻堅想要大舉南征，前秦氐族大臣都不贊成，只有鮮卑族慕容垂、羌族姚萇，以及貴族子弟極力慫恿。苻堅倚為左右手的弟弟苻融進言：「鮮卑和羌是我們的仇敵，總是在等待變天以達他們的目的（復國），他們所獻之策怎麼可以實行呢？那些貴族子弟根本不曉得打仗是怎麼一回事，只曉得迎合陛下的意思說些諂媚的話。陛下如果相信仇人與馬屁精，輕率地發動戰爭，只怕將來悔之晚矣！」

苻堅非但聽不進去，反而指派慕容垂率二十五萬大軍為前鋒，指派姚萇為龍驤將軍負責關中後門（陝南、四川）防務，並且對姚萇說出前述那番話。

後來，姚萇果然反叛，苻堅更死在姚萇之手（參閱「數戰則民疲，數勝則主驕」一章）——這番「戲言」果然一語成讖。

歷久彌新說名句

周成王和幼弟姬虞玩耍，剪一片梧桐葉當玉圭，對弟弟說：「我以這個封你。」周公就對成王說：「天子無戲言。天子一言既出，央官就要記載下來。」於是成王封姬虞到唐，稱為唐叔，成為晉國的祖先。

曹丕篡漢即位為魏文帝，詔賜征南將軍夏侯尚：「特此賦予你便宜行事的權力，你可以作威作福，擁有生殺大權。」蔣濟為此進諫：「天子無戲言。『作威作福』是古人告誡之辭，希望陛下明察。」曹丕即刻派人追回那封詔書。

五胡十六國南燕國王慕容備德宴請群臣，問說：「朕可以比擬前代何等君王？」青州刺史鞠仲說：「陛下乃中興聖王，可以比擬少康、東漢光武帝。」慕容備德吩咐左右賞賜鞠仲一千匹帛。鞠仲推辭如此重賞，慕容備德說：「你會調侃朕，朕不會調侃你嗎？你胡亂拍馬屁，我也是假賞賜啊！」韓範諫曰：「天子無戲言。今天這番對話，君臣都有過失。」

名句可以這樣用

前述四個「君無戲言」的故事，因情況不同而有不同意思：苻堅的故事是「君王講話應慎重，否則會一語成讖」；周成王的故事是「君王說了就要做到」；曹丕的故事是「君王不可措辭不當」；慕容備德則是「君王不可以態度輕佻」。

富貴不歸故鄉，如衣繡夜行

名句的誕生

臣[1]聞富貴不歸故鄉，如衣繡夜行，臣闔門受陛下[2]榮祿，安肯附唐！但[3]欲效其愚慮，可否在陛下耳。

～〈唐紀〉

完全讀懂名句

1. 臣：發言人為安興貴，為李淵遊說李軌。
2. 陛下：隋末割據甘肅的軍閥李軌，自稱涼王。
3. 但：只是。

語譯：我聽說，一個人發達了以後，如果不回到家鄉，就像穿著錦繡衣裳卻在夜裡行走（沒有人看見你發了），我全家蒙受陛下賜予爵位（榮）與官職（祿），怎麼可能依附唐國！只不過是想要貢獻一些愚昧的意見，採不採納全在於陛下。

名句的故事

安興貴家族是涼州望族豪門，而且與胡人多有通婚，因而得到漢人和胡人的信任。安興貴本人在長安做官，他的弟弟安脩仁在涼王李軌手下擔任將領。安興貴上表主動請求前往涼州遊說李軌歸附唐朝，李淵不相信他有這個能耐，說：「李軌恃險而守，並且聯合突厥和吐谷渾，我發兵攻打都拿不下來，你憑什麼以口舌降服他？」安興貴表示：「李軌若接受我的意見，那當然好，他若不聽，我從內部發動突襲，比大軍自外攻伐還容易一點。」

安興貴到了涼州，涼王李軌任命他為左右衛大將軍（掌禁軍）。安興貴趁一個機會，勸李軌歸附唐國——唐國眼看要統一中國，涼州力不足以抵抗，不如主動加入。安興貴並且以東漢初期涼州軍閥竇融歸附光武帝劉秀，後來一門公侯，侄兒竇固並且擔任大將軍討伐匈奴，勒石燕然山……之史例鼓勵李軌。

但是李軌不接受這個建議，反指安興貴是唐國派來的間諜。為此，安興貴以本文的說法，向李軌交心表態。

李軌沒有處置安興貴，安氏兄弟乃私下串聯各部落胡人，起兵襲擊李軌，李軌戰敗被俘，送到長安斬首。

歷久彌新說名句

安興貴的「聽說」，出自《史記・項羽本紀》：項羽入咸陽，放火燒了阿房宮，搜刮秦宮內的財寶與美女，準備回去江東。有某人向他建議：「關中才是理想的建都定點。」可是項羽一心東歸，說：「富貴不歸故鄉，如衣繡夜行，誰知道你富貴了！」那人私下說：「人家說楚人就像一隻穿戴整齊的猴子（樣子像人，其實水準很差），果然如此。」項羽聽說，就將這位仁兄烹殺了。

安興貴舉項羽這個典故，意思是「我的心和項羽一樣，只想回到家鄉」，以示「不愛關中」（唐帝國定都關中）；同時，也有「心無大志」的暗示，用以消弭李軌猜忌之心。

名句可以這樣用

本句原典故帶有貶意，所以後來不多應用，反而是「衣錦夜行」四字成語用於形容「沒人知道他發達了」，而「衣錦還鄉」則用於形容「發達了（如中狀元、做大官退休）以後，風風光光地回到家鄉」。至於「沐猴而冠」則成為罵人「不夠格」的露骨用語。

鬱鬱不得志

名句的誕生

吳興章華好學、善屬文[1]，朝臣以華素無伐閱[2]，競排詆之，除太市令[3]。華鬱鬱不得志，上書極諫，略曰：「……陛下[4]即位，于今五年，不思先帝[4]之艱難，不知天命[5]之可畏，溺於嬖寵，惑於酒色，……，老臣宿將棄之草莽，諂佞讒邪升之朝廷，……陛下如不改弦易張[6]，臣見麋鹿復遊於姑蘇矣！」

～〈陳紀〉

完全讀懂名句

1. 屬文：作文。
2. 伐：戰功。閱：經歷。
3. 太市：宮庭庫藏對外販售的場所。太市令：相當於宮廷市場管理處的處長。
4. 陛下：陳後主陳叔寶。先帝：章華諫章中提及三位前代皇帝：陳武帝陳霸先、陳文帝陳蒨、陳宣帝陳頊，各有功業可供記頌。
5. 天命：天象示警（詳見「名句的故事」）。
6. 改弦易張：琴瑟不調，就必須更換其弦。張：拉緊琴弦。

語譯：吳興人章華好讀書、文章很好，可是朝中大臣以他沒有戰功、也沒有經歷排擠他，只派他一個市場管理處處長小官。章華因為才能不得發揮而鬱悶，上書提出強烈諫言，大略為：「……陛下已經即位五年，不珍惜祖先創業艱難所建立的成果，也不知道因天象示警而警惕，沉溺於弄臣與酒色，……讓老成持重的大臣與有經驗的將領退休，卻讓馬屁精在朝中擔任要職，……陛下如果不排除這些奸邪佞讒的話，我只怕國家覆亡，麋鹿在國都城內游蕩了。」

名句的故事

天象示了什麼警兆？

餘杭郡錢塘縣有個臨平湖，平常水草堵塞，地方父老世代口傳「臨平湖開則天下太平」。那一年（西元五八七年）臨平湖忽然開了，於是民間傳言「要統一了」。換作是一個有進取心的皇帝，此乃吉兆，但是陳叔寶心知「統一」肯定不是南方統一北方，而是北方統一南方，所以為此不樂。但是他不去積極備戰禦敵，卻自己賣身入佛寺，想要以此「破除」異兆，又在首都建康建造大皇寺，包括一座七級浮圖（塔），因火災而沒有完成。

章華的諫章就是直指：天象示警是因為貪汙橫行、小人當道。他這樣指著皇帝鼻子進諫，又全面性攻擊當朝權貴，結局可想而知：即日處斬。

歷久彌新說名句

春秋時，吳王夫差在擊敗越王句踐之後，聽信太宰伯嚭的意見，接受越國請降，又不戒備越國，反而舉大軍北上爭霸。伍子胥一再勸諫不聽，就說：「我已經預見麋鹿在姑蘇（吳國都城）城內游蕩了。」意思是國家滅亡，國都淪為廢墟。

吳子胥的下場是：夫差賜他一把寶劍，請他去服事先王——章華既提及「先帝」，又舉「麋鹿遊於姑蘇」，顯然心裡已有準備。

名句可以這樣用

《史記‧魏其武安侯列傳》：魏其「默默不得志」（因失意下台而不講話），灌孟「鬱鬱不得意」（因不得施展抱負而鬱悶），兩句意思其實相近，《資治通鑑》則將之融合使用。也就是說，三句都可以，但以本句最廣為應用。

用筆在心，心正則筆正

柳公權以書法表達諫諍的用意。

名句的誕生

上[1]問公權[2]：「卿書[3]何能如是之善？」對曰：「用筆在心，心正則筆正。」上默然改容，知其以筆諫也。

〈唐紀〉

完全讀懂名句

1. 上：唐穆宗李恆。
2. 公權：翰林學士柳公權。
3. 書：書法。

語譯：唐憲宗問柳公權：「你的書法怎麼能夠寫得那麼好？」柳公權回答：「運用毛筆的要訣在於用心，內心端正，筆就端正。」穆宗聞言沉默不語，臉上露出莊重神情，因為聽出

名句的故事

唐朝有名的書法家有柳公權、顏真卿、歐陽詢等。其中顏真卿、柳公權並稱「顏筋柳骨」，同時他們都各有一位剛正的兄弟。

顏真卿的哥哥顏杲卿在安史之亂時，鎮守常山，成為「敵後」的芒刺。最後常山陷落，寧死不屈，口罵安祿山不止，賊兵用刀攪他的口，仍「罵賊至死」。文天祥〈正氣歌〉中「為顏常山舌」就是講顏杲卿的故事。

柳公權的哥哥柳公綽任京兆尹（首都長安市長），上班途中，有一位神策軍（禁軍，由宦官掌領）小將騎馬在大街上衝撞，柳公綽停下馬，下令逮捕此人，當場杖殺。隔天上朝，唐

憲宗指責他「殺禁軍沒有先報准」，柳公綽回奏：「那個小將行為唐突，是蔑視陛下法律，我只知道依法處置犯法之人，不知道他是神策軍。」憲宗問：「為何不先奏報？」柳公綽說：「我的職責是執行刑罰，不該我奏報。」憲宗退朝後對左右宦官說：「你等小心此人，連朕都畏之三分。」

北宋有書法四大家「蘇黃米蔡」。蘇軾、黃庭堅、米芾沒有爭議，「蔡」卻有二說：蔡京與蔡襄。之所以會鬧「雙包」，原因是蔡京權傾一時，卻弄權誤國，雖然「（蔡）京筆法姿媚豪健，非君謨（蔡襄字）可比也」是多數人的看法，但是因為他的評價太差，就有人將他排除在四大家之外——這是「心正則筆正」的逆向印證，心不正則連書法都被否定！

歷久彌新說名句

唐太宗李世民自青年時期就領兵征戰，自以為對弓矢很了解。有一次他得到十幾把良弓，拿給工匠看，工匠說：「這些都不是好材料做的。」唐太宗問：「怎麼看？」工匠說：「木心不正，則脈裡皆邪；弓雖然剛勁，但是因為木心不正，以致箭射出去會因而偏斜，所以不是好弓。」

唐太宗由弓匠的話中，體認到「君心不正，則政理皆邪」的道理。因此下令「京官五品以上輪流值宿中書內省」，太宗經常利用晚上時間，向他們垂詢百姓生活與施政得失。

柳公權以用筆為喻進諫，穆宗默然改容，和太宗因弓匠之言而喻，下詔京官入值。兩者之間的差別在於：唐太宗領悟後，立即實行。唐穆宗知而不能行，只能算是一位平庸之主。

名句可以這樣用

以前中小學生寫書法毛筆字，現在大家用電腦打字，用筆機會大為減少。雖然印表機的字體與排列都很正，但是若「心不正」，寫出來的文章也不會正的。

弱之肉，強之食

名句的誕生

夫鳥俛[1]而啄，仰而四顧，獸深居而簡[2]出，懼物[3]之為己害也，猶且不免焉。弱之肉，強之食。今吾與文暢[4]安居而暇食[5]，優游[6]以生死，與禽獸異者，寧可不知其所自邪！

～〈唐紀〉

完全讀懂名句

1. 俛：低頭。
2. 簡：盡量減少。
3. 物：在此指「掠食者」。
4. 文暢：一位和尚，柳宗元的朋友。
5. 優：同「悠」。優游：悠哉游哉的意思。

語譯：鳥類在低頭啄食時，常要抬頭回顧；獸類深居洞穴，非必要不外出，就是因為害怕掠食者。但即使如此，仍然難以避免（被掠食）。弱者的肉成為強者的食物，這是叢林法則。今天我和文暢能夠安心居住、飲食無憂，悠哉游哉不必擔心生死問題。（人類）能夠和禽獸不同，豈可不知道為什麼原因呢！

名句的故事

本文出自韓愈〈送文暢師序〉。文暢是位和尚，但是韓愈最排斥佛教，卻因為柳宗元的請託，勉為其難送文暢一首詩，因而在詩序中「酸」了和尚一下。

佛教自南北朝開始在中國大流行，上自帝王將相、下至小老百姓，大家都崇信佛教。韓愈「文起八代之衰」，以儒家正統自居，本文的意旨就是「弱肉強食是自然法則，人類能異於禽獸是因為聖人的教化，而不是因為佛教所言『六道輪迴』」。

韓愈原本仕途順利，官居刑部侍郎，距離宰相只有一步之遙（加個「同平章事」就是宰相級了），卻因為唐憲宗派宦官將法門寺的一節佛指骨迎回長安，在皇宮中奉養三天（這節佛指骨到過台灣），韓愈卻「諫迎佛骨」，因而被貶到潮州（今廣東潮州）去當刺史。

事實上，唐憲宗不是一位拒諫的皇帝，但是韓愈的奏疏中有一句「佛本夷狄之人」，觸動了唐皇室血統的敏感神經，才惹來大禍。

原來，唐朝皇室有超過一半的胡人血統，為了方便統治中國，就說是「老子李耳的後代」。韓愈以儒家衛道者的立場，只是說明「黃帝、禹、湯、文、武時都沒有佛陀，佛教是外來文化」而已，卻因一句「夷狄之人」被誤以為是大漢沙文主義諷刺皇室，遭到貶謫。

歷久彌新說名句

佛教傳入中國是在東漢明帝時期，之所以在南北朝時大流行，完全是因為由三國而西晉，經五胡亂華到南北朝，三百多年的戰亂，人民對現實世界感到痛苦絕望，因而寄望來生，佛教的輪迴說正好成為人民思想上的解脫。

至於帝王統治階層信奉佛教，則是因為佛教的「果報說」：南北朝時政權輪替頻繁，且不僅異姓間相互屠戮，同姓骨肉也自相誅夷（政治上的弱肉強食）。例如南朝劉宋亡國之君劉子業即位後，就「賜」十歲的幼弟劉子鸞自盡，劉子鸞臨死，對左右說「願此身不復生王家」——在內咎與疑懼交織的心情下，向佛陀祈求赦贖，乃屬自然。

名句可以這樣用

「弱肉強食」一般人常用，且無疑義。而「深居簡出」已非原典「擔心遭掠食」之意，至少「宅男」不出門就不是因為安全問題。

知過非難，改過爲難；言善非難，行善爲難

名句的誕生

動[1]人以言，所感已淺，言又不切[2]，人誰肯懷[3]！……竊以知過非難，改過為難；言善非難，行善為難。假使赦文[4]至精，止於知過言善，猶願聖慮更思所難[5]。

～〈唐紀〉

完全讀懂名句

1. 動：打動。
2. 切：切中要點。
3. 懷：感謝。
4. 赦文：大赦天下的敕書。
5. 所難：指「改過」、「行善」。

語譯：用言語打動人家，人家的感受已經很淺（實際行動才會令人感受很深），如果言語還不能切中要點，人家怎麼會感謝呢？……我認為，知道自己的過錯不難，改正過錯才難；用文字、語言說善事不難，實際行善才難。如果陛下的赦書說帖文辭臻於完美，可是卻止於「知道自己的過失」與「說出善事」，那我希望陛下再思考如何改過、行善。

名句的故事

面對「五鎮聯兵」（參考「克敵之要，在乎將得其人」一章），唐德宗倉皇逃出長安。為了調動各路節度使勤王，詔書力求感動人心，《通鑑》記載：「奉天（今陝西境內，德宗駐蹕地）所下書詔，雖驕將悍卒聞之，無不感激揮涕。」

當時有術士向德宗建議：「國運不佳，應該做一些變更以扭轉時運。」群臣根據術士的話，建議皇帝「加尊號」（如神聖文武至德無上等字眼）。但是陸贄不贊成這種馬屁行為，認為「國家淪落至此，加尊號只會更失人心，如果一定要有所變動，不如改年號」。

德宗採納了陸贄的建議，將次年改為「興元元年」（之前年號是「建中」），並且要中書（宮廷祕書處）擬具赦文，草稿先給陸贄過目。陸贄對德宗說出本文這番話，期待不是只有「口頭自責」，應該真正改過。

德宗不是一個能夠痛定思痛、明恥教戰的君王，但是〈興元赦書〉卻是備受稱讚的一篇文告，而且還真的打動了王武俊與田悅，兩人主動除去之前稱王造反的王號，上表謝罪——文字的力量於此達到極致。

歷久彌新說名句

春秋晉靈公是個無道國君。廚師煮熊掌未熟透（熊掌難熟，不熟則有毒），就殺了廚師，將屍體塞入畚箕，由清潔婦揹出宮去丟棄。晉國大夫士會入諫，靈公說：「我知錯了，以後會改過。」但是卻不改荒唐之政，於是秉政大夫趙盾入諫。靈公覺得趙盾很討厭，就派刺客去暗殺趙盾，刺客下不了手；靈公設酒席宴請趙盾，暗伏甲士要殺趙盾，幸賴趙盾的侍衛拚死保住。結果，趙盾的族人趙穿帶兵攻擊晉靈公，殺靈公、立成公——知過但不能改過，會亡身、亡國的！

名句可以這樣用

「人非聖賢，孰能無過；過而能改，善莫大焉」這四句名言我們都能琅琅上口，但是知過能改的確是很困難的一件事。孔子稱讚顏淵「不二過」，堪稱最高度的評價！同時，本句又可以做為成語「知易行難」的佐證。

不癡不聾，不做家翁

名句的誕生

鄙諺[1]有之：「不癡不聾，不做家翁[2]。」兒女子閨房之言，何足聽也！

～〈唐紀〉

完全讀懂名句

1. 鄙諺：俚語、俗話。
2. 翁：丈人。

語譯：俗話說：「不能裝作聽不懂、聽不見，就不能當丈人。」年輕人閨房裡的氣話，怎麼可以當真呢！

名句的故事

唐朝安史之亂全靠郭子儀平定。安史之亂以後，朝廷已經無法掌控各路軍閥，藩鎮跋扈，甚至出言不遜，全仗郭子儀的個人威望鎮懾藩鎮，連外患回紇（回鶻）也因郭子儀而成為朝廷對付藩鎮的助力。

唐代宗為了籠絡郭子儀，將女兒昇平公主嫁給郭子儀的兒子郭曖。有一次小倆口吵嘴，公主抬出皇帝老爹來壓老公，郭曖頂回去：「妳不要以為妳爹是天子，我爹還不想做呢！」公主忍不下這口氣，乘上車逕奔皇宮告狀。唐代宗對女兒說：「這就是妳不懂事了。事情確實如此，假如他（郭子儀）想要當天子的話，天下哪還有咱們家的份？」勸慰女兒一番之後，叫公主回去駙馬府。

這事情讓郭子儀曉得了，將郭曖關禁閉，自己入宮請罪。唐代宗於是對親家說了本文這番話。郭子儀回到家中，杖責郭曖數十下（讓皇帝心安，讓公主心疼）。

歷久彌新說名句

這個故事描繪了中國歷史上絕無僅有的一對君臣：唐代宗心頭雪亮，這個龍椅非靠郭子儀就坐不穩，對郭子儀百般禮遇，而沒有一絲絲自卑感，所以不會讓郭子儀有一絲絲不安的感覺；郭子儀手握天下兵權，卻從來沒有起過篡位的念頭，甚至不攬權、不在朝廷布眼線，所以不會讓唐代宗起一絲絲不快的感覺。

在唐朝之前，曹丕篡漢、司馬炎篡魏、劉裕篡東晉、蕭道成篡劉宋、蕭衍篡南齊、陳霸先篡南梁、高洋篡東魏、宇文覺篡西魏、楊堅篡北周。以上都是「幕府大將軍」在局面完全掌控之後，逼傀儡皇帝「禪讓」，皇帝不識相則「弒君」。

即使被稱為「千古完人」的諸葛亮，對劉阿斗忠心耿耿，可是卻總不免倚老賣老教訓這位愚蠢的小皇帝（例如〈出師表〉）。劉阿斗活在諸葛亮的陰影之下，哪有做皇帝的樂趣，也難怪他投降晉帝國之後會說「此間樂，不思蜀」！

另一方面，弱勢皇帝擔心被篡位、被推翻，因而冤殺國家棟梁「自毀長城」的事例更不少，大家最有印象的是岳飛。

繼郭子儀之後，手握天下兵權，而能持盈保泰、不做非分之想的人物，當數清朝的曾國藩。在湘軍打下太平天國「天京」（金陵，今南京）之後，有很多人「勸進」，但曾國藩從未動心，始終效忠大清朝廷。

名句可以這樣用

小倆口「床頭吵，床尾和」是家常便飯，外人與長輩其實都不宜太「雞婆」。現今社會型態不流行大家庭，也就不大用得上本句名言了。

以天下為己任

名句的誕生

國忠[1]為人強辯[2]而輕躁，無威儀。既為相，以天下為己任，裁決機務[3]，果敢不疑；居朝廷，攘袂扼腕[4]，公卿以下，頤指氣使[5]，莫不震慴[6]。自侍御史至為相，凡領四十餘使。臺省[7]官有才行時名，不為己用者，皆出之。

～〈唐紀〉

完全讀懂名句

1. 國忠：楊釗，字國忠，楊貴妃的堂兄。
2. 強辯：口才好，能強辭奪理。
3. 機務：機要事務。
4. 攘袂：捲起袖子。扼腕：握住手腕。
5. 頤：下巴。頤指氣使：以下巴示意，以鼻息指揮。完全看不起人的態度。
6. 慴：ㄓㄜˊ，心生畏懼。
7. 臺：御史臺。省：唐中央設中書、門下、尚書三省。臺省：監察系統與行政系統，中央政府有實際職權的機關（散官除外）。

語譯：楊國忠的作風強辭奪理，態度輕浮急躁，缺乏威嚴。當上宰相以後，全國大小事情全由他一人決定，裁決機要事務有決斷、不遲疑；在朝廷上捲起衣袖（指天劃地）、握住其他人手腕（強調己見），對高級官員也頤指氣使，而高級官員都駭怕他的權勢。他本人從侍御史（宮廷監察官）到宰相，兼差四十幾個機關首長。中央政府官員有才幹、有品德或有名聲，但不肯聽他話的，都被貶逐到外地。

名句的故事

楊國忠因為是貴妃的族兄而得以進入權力核心。由於當時李林甫正當權，楊國忠很小心地在李林甫面前隱藏他的才能與野心，於是李林甫才會放心拉拔楊國忠以向楊貴妃示好。後來另一位宰相陳希烈與大將哥舒翰聯手鬥爭李林甫，李林甫則外結安祿山與他們對抗，楊國忠在這一場政爭中與陳希烈、哥舒翰站在一邊，並且取得勝利（玄宗疏遠李林甫），自此與李林甫成為仇敵。

李林甫設計將楊國忠外調為劍南節度使，楊國忠才到成都，玄宗就派宦官將他召回長安（想必是楊貴妃用的力）。不久李林甫死了，玄宗乃任命楊國忠擔任右相（中書令），楊國忠這才展露他的才能，大權一把抓。

歷久彌新說名句

《世說新語》全書記載第一則：東漢清流領袖陳蕃「言論能為知識分子的典範，德行更是當時社會的楷模」。他登上馬車，手攬轡繩的神態，「有澄清天下之志」。

陳蕃手握轡繩的神態，同樣意味著「總攬天下大權」。然而，陳蕃處在宦官當道的時代，所以他想的是「澄清天下」；楊國忠處在太平盛世的「起跌點」，缺乏危機意識，只曉得用力抓權、排除異己，因而逼出「安史之亂」，大唐帝國就此毀在他手上。且正因為他「以天下為己任」，敗亡責任也就無可推諉，馬嵬兵變時，亂兵的目標就是他。

名句可以這樣用

「以天下為己任」是一句有氣魄的話，可是卻帶著貶意（意味著專斷獨裁）。已故蔣中正總統留下的墨蹟：「以國家興亡為己任。」在其中加入「興亡」二字，巧妙地沖淡了其中的「獨裁味」。

陰陽書本不言帝王家

名句的誕生

臣庶[1]之家還徙不常[2]，故有自陽宅入陰宅，陰宅入陽宅。刑克[3]禍福，師[4]有其說[5]，今陛下深拱[6]法宮[7]，萬神擁衛，陰陽書本不言帝王家。

～〈唐紀〉

完全讀懂名句

1. 臣：官員。庶：平民。
2. 常：不變。用法同「常態」。

3. 刑：地支相刑，如子刑卯、丑刑戌等。克：同「剋」，五行相剋，如金剋木、水剋火等。
4. 師：陰陽師。
5. 說：理論。
6. 拱：衛。
7. 法宮：正殿。

語譯：臣子和庶民的住家會搬來搬去，所以有「從陽宅入陰宅」或「從陰宅入陽宅」等理論。而地支五行的刑剋與避禍求福之道，陰陽家確實有一套學問。但是帝王家不同，如今陛下住在深宮禁苑，所有的神祇都保衛著皇家，陰陽書原本就不討論帝王居住的地方。

名句的故事

唐宣宗想要在大明宮內興建五王院，讓幾位年幼的皇子居住，便找來一位著名的地理師柴嶽明看風水。柴嶽明對宣宗說了本文那番話，宣宗非常稱許他的說法，厚賜之。

唐朝的盛世是「貞觀之治」與「開元之治」，安史之亂以後，中央政府對藩鎮的控制力愈來愈小。自天寶以後到唐亡一百五十年間，就只有唐憲宗「元和中興」十餘年，和唐宣宗「大中之治」十餘年稱得上昇平之世，其他都是戰亂歲月。

戰亂歲月中，不但人民生活水深火熱，連皇室也有危機感，在宣宗之前，已有三位皇帝曾經「倉皇辭廟」逃出京師。這是唐宣宗想在宮中蓋房子，會要找風水師的原因，但宣宗畢竟稱得上是一位頭腦清楚的皇帝，聽到柴嶽明這番話，立即就「清醒」了。

歷久彌新說名句

陰陽家在先秦「九流十家」已有，司馬遷《史記・太史公自序》就提到：「夫陰陽四時、八位、十二度、二十四節各有教會，順之者昌，逆之者不死則亡，未必然也。」然而，會提到有識之士認為「未必盡然」，正顯示有那麼多的人相信那一套。到了漢代五行學說大行之後，陰陽五行漸漸形成一套可以解釋宇宙間所有現象的哲學，而方士、術士乃成為社會中的正常職業。連漢武帝都會迷信方士，就莫怪智慧比漢武帝遠不如的皇帝會迷信了；且由於有那麼多的迷信皇帝，就莫怪術士藉皇帝迷信而大斂其財。

五代十國的南唐皇帝李昪很信道教，他問一位道士王栖霞：「哪一種道可以致太平？」王栖霞回答：「王者治心治身，乃治家國。」李昪要為王栖霞築壇，方便「上奏天聽」，王栖霞說：「國用方之，何暇及此！」王栖霞是繼柴嶽明之後另一位受司馬光讚許的道士。

名句可以這樣用

中國古代的皇帝稱「天子」，意謂君權「天授」，果真如此，則皇宮的風水不可能不好，所以「陰陽書不言帝王家」，是因為不可能有更好的陽宅風水了。

聲色狗馬之友

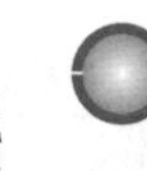

名句的誕生

晟[1]山東鄙儒[2]，文章不如公[3]，談諧不如公，諂詐不如公。然主上[4]使公與齊王[4]遊處，蓋欲以仁義輔導之也，豈但為聲色狗馬之友[5]邪！

～〈後晉紀〉

完全讀懂名句

1. 晟：孫晟。
2. 山東：孫晟是密州（今山東高密）人。鄙儒：鄉下讀書人。
3. 公：馮延巳。
4. 主上：南唐烈祖李昇。齊王：南唐儲君李璟。
5. 友：古時太子府設「賓、友」，是幕僚的官銜。將官名稱為賓、友，是希望太子學習禮賢下士。

語譯：我孫晟是山東來的讀書人（不能跟你們江南文人比），文章華麗不如閣下，談吐風趣不如閣下，馬屁工夫不如閣下。然而，皇上派閣下輔佐齊王，是希望閣下能以仁義輔導儲君，哪裡是要閣下做為陪伴縱情玩樂的幕僚呢！

名句的故事

李璟後來繼位成為後唐元宗。從儲君到皇帝，李璟身邊一直就是五個親信臣子：陳覺、馮延巳、延魯、魏岑、查文徽，這五個人被人民稱為「五鬼」，結黨營私，排除異己。

孫晟說「文章不如馮延巳」，事實上，馮延巳是當時傑出的文學家、音樂家，李昪就是賞識他的文才，先任命他為祕書郎（宮廷文書官），然後派他當齊王府掌書記，輔佐儲君。李璟即位之後，馮延巳一路順風，入相出將，成為南唐最重要的大臣之一。也正因為他位高權重，因此東南一帶文士以他為首，並且開啟了北宋詞風。

李璟寵信馮延巳，因為李璟本人也喜愛作詞。有一次，李璟問馮延巳：「吹皺一池春水，干卿底事（干你何事）？」馮延巳：「未如陛下『小樓吹徹玉笙寒』。」君臣二人相互標榜對方的佳句，傳為文壇佳話，但是看在傳統儒家知識分子眼中，卻是「皇帝不務正業，佞臣巧言令色」。

《通鑑》記載李璟「為人謙謹，寬仁大度，優於先帝（李昪）」，他在位十九年，南唐豐年太平。但卻因為他太重文藝，偏廢了國防，傳到他兒子李煜（李後主），更是天才詞人，卻亡了國家。

歷久彌新說名句

唐武宗時，掌權宦官仇士良退休。他的黨徒（眾宦官）列隊送他回私邸，仇士良臨別教誨黨徒們：「天子不可以讓他太閒，必須經常以奢靡事物娛樂他的耳目，並且花樣要日新月異，讓他沒有時間去關心其他事情，然後咱們（太監）才得以掌握權力。千萬別讓他（天子）讀書，更不要讓他親近儒家知識分子，他們會教天子讀歷史，天子一旦了解前代興亡的道理，心中有所警惕，咱們就沒得混了。」

仇士良這番話多麼坦白？但是仇士良沒看見馮延巳這一幕（差了一百年），不曉得文學也可以讓皇帝玩物喪志。

名句可以這樣用

以今天的社會進步來看，「聲色犬馬」實在算不得是不良嗜好，可見古人的休閒生活是多麼貧乏！另一方面，民主政治也不容公僕玩物喪志，但是政壇馬屁精卻永遠去除不了。

一飯之恩、睚眦之怨必報

名句的誕生

時軍國多事，百司及使者咨請[1]輻湊[2]，維翰[3]隨事裁決，初若不經思慮，人疑其疏略[4]；退而熟議[5]之，亦終不能易也。然為相頗任愛憎[6]，一飯之恩、睚眦[7]之怨必報，人以此少[8]之。

～〈後晉紀〉

完全讀懂名句

1. 咨：討論。請：請示、請求。
2. 湊：同「輳」。輻輳：車輪上的橫條木，引喻為「向車轂（軸）靠攏」。
3. 維翰：桑維翰，後晉名臣。
4. 疏：疏忽。略：忽略。疏略：大而化之。
5. 熟：反覆。熟議：反覆檢討。
6. 愛憎：個人好惡。
7. 睚：瞪視。眦：同「眥」，眼眶。
8. 少：貶抑。

語譯：當時軍事與內政事務煩忙，中央各機關的官員和各藩鎮的使節頻繁地與他討論或向他請示事情，桑維翰隨到隨辦，各項裁決初看似乎未經思索，有人因此懷疑他大而化之，必有疏漏之處；可是等退下後反覆檢討，卻總不能改動他的裁決。但是他擔任宰相太重個人好惡，對他有一頓飯的恩惠必定報答，有瞪他一眼的小怨也必定報復，人們因此降低了對他的評價。

名句的故事

桑維翰是後晉的一位重臣，但是真正賞識他才能的，卻是遼太宗耶律德光。

後晉高祖石敬瑭就是歷史上有名的「兒皇帝」，事實上，當時遼太宗還有另外一個選擇，就是後唐封的北平王趙德鈞（石敬瑭封晉王），全賴桑維翰外交成功，耶律德光決定力挺石敬瑭——「立」石敬瑭為大晉皇帝（史稱「後晉」），而「父皇」則對「兒皇帝」下指導棋：以桑維翰為相。

然而，桑維翰並不是「挾契丹以自重」那種洋奴買辦材料，他確實有他的才能：石敬瑭在位時期，「羽檄縱橫」天天打仗、日日戰報，京官個個懷憂喪志，只有桑維翰「從容指畫、神色自若」。

石敬瑭逝世，侄兒石重貴繼位，與遼國交惡，兩國又進入戰爭狀態，石重貴焦頭爛額，於是有人建議，起用當時處在閒職的桑維翰，任命他為中書令兼樞密使，「事無大小，悉以委之」。桑維翰再度展現他的行政長才，甚至有本事讓後晉帝國的十五個節度使個個聽話，這在唐末到五代期間，簡直是奇蹟。

歷久彌新說名句

戰國時，一位原籍魏國的遊說之士范睢，得到秦國一位謁者王稽的引介，進入秦國，並且得到秦昭王的重用，成為秦國宰相。

范睢做了秦國宰相之後，快意恩仇，對過去曾經害過他的魏國大夫須賈大加羞辱；任命恩人王稽為河東太守；任命曾經救他的鄭安平為將軍。《史記》記載：「一飯之德必償，睚眦之怨必報。」

名句可以這樣用

感恩圖報是人的美德之一（時下不知感恩的人實在太多），快意恩仇也算是人性之常。但是擔任一國宰相卻「睚眦必報」，就已經顯得氣度不足了，若再「私人以官」，以國家公器報償私恩，則實在太不應該！

蛟龍失水，螻蟻足以制之

名句的誕生

崇韜[1]鬱鬱不得志，與所親謀赴本鎮[2]以避之，其人曰：「不可。蛟龍失水[3]，螻蟻[4]足以制之。」

～〈後唐紀〉

完全讀懂名句

1. 崇韜：郭崇韜。輔佐後唐莊宗滅梁立唐的第一大功臣，當時身兼朝廷所有重要位置。
2. 本鎮：郭崇韜兼領成德節度使。
3. 失水：離開水，即失去水的庇護。
4. 螻：螻蛄，淺水處的小型節肢動物。蟻：螞蟻。螻蛄與螞蟻都吃腐食。

語譯：郭崇韜心情鬱悶，難以舒懷，於是跟一位親信研究「辭去中央政府職務，到自己的藩鎮地盤」之可行性，以避開佞臣、宦官與老幹部的讒言與怨言攻擊。那一位親信說：「不可以。蛟龍離水，就受制於螻蛄和螞蟻。」（意謂絕不可離開皇帝身邊）

名句的故事

後唐莊宗打下天下，郭崇韜一人身兼樞密使（等同皇帝參謀長）、侍中（三省長官），還兼領成德節度使，權傾一時。可是他個性剛直急切，小人每企求僥倖，他總是勸阻皇帝，因而得罪了宦官，天天在皇帝跟前打小報告。

一些當初一同打天下的老幹部向他求官，他雖念舊情，卻明講「你的才能不足」或「你的門第太低」。拒絕他人請託卻未顧及對方面子，因而一干「長征老幹部」對他頗有怨言。

郭崇韜曉得自己的處境，好幾次向莊宗請求辭去樞密使職務，莊宗不准；又請求將樞密院的權力分一部分給「內諸司」（宦官），此舉反而引致宦官批評他「假仙」。

郭崇韜因此「鬱鬱不得志」。此處「不得志」並非「不得意」的意思，因為他事實上大權在握，但是他卻深為政治鬥爭而苦。

歷久彌新說名句

戰國時，靖郭君田嬰（孟嘗君田文的父親）擔任齊國宰相，齊威王將「薛」地賞給他當封邑。靖郭君想要在薛築城，有一位賓客就對靖郭君說：「閣下沒聽說過大魚的處境嗎？當牠在水中時，魚網抓牠不住，魚鉤釣牠不起。可是一旦不小心擱淺在岸邊，失去了水的庇護，那時候，連螻蛄和螞蟻都可以宰制牠。如今，齊國正是閣下的『水』。閣下只要保有齊王的信任，哪還需要在薛築城？萬一閣下失去了齊國宰相的地位，就算你將薛的城牆築得和天一樣高，也保護不了你啊！」

郭崇韜肯定讀過《戰國策》上這一則故事，所以他的親信只需說「蛟龍失水，螻蟻足以制之」，郭崇韜就聽懂了，不必再做引申解釋。

名句可以這樣用

章回小說、話本中常用的順口溜「虎落平陽被犬欺，龍困淺灘遭蝦戲」，意思和本句一樣，普通人一聽就懂，不似本句拗口且難懂。然而對有權勢且有學問的人士而言，「螻蟻宰制擱淺蛟龍」無疑有著更強的說服力。

揚揚自得無愧色

名句的誕生

凝[1]帥諸大將指闕[2]待罪，帝[3]勞賜之，慰諭士卒，使各復其所。凝出入公卿間，揚揚自得無愧色，梁[4]之舊臣見者皆欲齕[5]其面，抉其心[6]。

～〈後唐紀〉

完全讀懂名句

1. 凝：段凝，後梁前線總司令。
2. 指：前往。闕：皇帝居所。指闕：前往京師。
3. 帝：後唐莊宗李存勗。
4. 梁：後梁帝國。
5. 齕：音ㄏㄜˊ，咬。
6. 抉：用法同「抉剔」，挑除之意。抉其心：挑其心、挖其心。

語譯：段凝率領旗下的高級將領到京師待罪，後唐莊宗賞賜他歸順，並且下詔撫慰後梁軍隊，讓他們各自安身立命（重編或解甲歸田）。段凝在改朝換代之後的官場，揚揚自得毫無愧色（不以敗軍降將而慚愧），後梁的舊政府官員看見他，都恨不得咬他的臉、挖他的心。

名句的故事

後梁與後唐為世仇，從李克用與朱溫對立開始，交戰三十多年。最終是李存勗滅後梁、建立後唐，而最後一場戰役卻非常戲劇化。

原本採取攻勢的是後梁，段凝率五萬大軍為

主攻，王彥章一萬部隊為側翼，形勢對後唐軍不利。李存勗採納宰相郭崇韜的建議（與其他幕僚相反），親率主力向大梁（後梁京師，今河南開封）進行突襲，戰事出奇順利，王彥章陣亡，後梁均王朱友貞命侍臣下手殺了自己。

在前線手握重兵的段凝非但沒有回師救援，反而在京師陷落之後，率全軍投降敵人。更有甚者，他還上書建議誅殺原先後梁政府中的一干當權派，這些人當初大多數支持他統領大軍，但李存勗只殺了李振、趙巖，其他一律不追究。

沒被殺的那一批官員，其實一樣是降臣，同樣是「靦顏事仇」。但因為段凝「揚揚自得」，且上書要害他們，才對段凝恨得咬牙切齒。

歷久彌新說名句

《史記・管晏列傳》：晏嬰擔任齊國宰相，為其駕車者的妻子從門縫裡窺看丈夫，在雄壯大傘下面，驅策四匹馬（宰相的排場），「意氣揚揚，甚自得也」。等到御者回家，他的妻子請求離婚，丈夫問她原因。妻子說：「晏子身高不滿六尺，身為齊國宰相，名聲傳播諸侯之間。我觀察到他經常露出深思表情，施政都替老百姓著想。你呢，身高八尺，只能當人家的駕駛，反而自以為很了不起，所以我要求離婚。」後來這位御者表現得非常謙虛，晏子注意到他的變化，了解個中經過，就推薦御者當齊國大夫（因為此人知恥且能改過）。

司馬光取材司馬遷的用語「揚揚自得」，再加上「無愧色」，以御者的知恥對比段凝的「無愧」，用意至深。

名句可以這樣用

「得意揚揚」與「洋洋得意」、「揚揚得意」用法完全相通。「洋洋」是借喻於水的盛大，而「揚揚」有比較多自滿的意味。（「洋洋」也有滿足的意味，但比較沒有「傲人」的意味。）

美女如雲，金帛如山

名句的誕生

鎮州[1]美女如雲[2]，金帛如山，天皇王[3]速往，則皆己物也，不然，為晉王[4]所有矣。

～〈後梁紀〉

完全讀懂名句

1. 鎮州：成德節度使總部所在地，今河北正定。
2. 雲：此處用法同「雲集」，形容大量聚集。
3. 天皇王：契丹族領袖耶律阿保機，當時自稱天皇帝（皇后稱地皇后），遼建國後追謚遼太祖。
4. 晉王：李存勗，後來滅後梁成為後唐莊宗。

語譯：鎮州的美女像雲一樣多，金銀綢緞堆得像山一樣高，皇上最好趕快前往，那些都是您的囊中物，不然，去晚了的話，就被晉王拿去了喲！

名句的故事

五代戰亂不歇，後梁末期尤其混亂，並且出現一股新的力量加入戰局——契丹。

封為趙王的成德節度使王鎔被叛兵斬首，叛兵擁護張文禮，張文禮同時向兩大勢力梁、晉報告情況，也派出密使聯絡契丹。晉王李存勗截獲張文禮與後梁的通信（蠟丸），火大，派兵包圍鎮州，後梁皇帝朱友貞無力支援，張文禮驚懼而死。張文禮之子張處瑾祕不發喪，卻又抵抗不住晉軍，只好派人向隔壁的義武節度使王處直求援。

王處直明白自己的地盤和鎮州是「脣齒相依」關係，鎮州淪陷的話，他就會「脣亡齒寒」，但是又不敢得罪晉王李存勗，於是派義子王郁去遊說契丹出兵。本文就是王郁說服耶律阿保機的說辭。

耶律阿保機的皇后述律氏勸諫：「咱們的西樓（契丹首都）有著數不盡的羊馬，其樂無窮，何必勞動大軍遠征，乘人之危，企求僥倖的利益呢！」可是耶律阿保機不聽，大軍南下，結果大敗而回。

歷久彌新說名句

唐中宗時，中書侍郎韋嗣立上疏：「最近興建佛寺非常多，莫不力求高大華麗。大一點的寺廟費錢百萬或數十萬，小一點的也要花三、五萬。且不說京師寺廟的總花費超過千萬錢，為了寺廟興工而徵調的民伕，其怨恨悲嘆的聲音，充滿道路（怨聲載道）。佛祖創立佛教，目的在拯救人類的心靈，哪裡是為了各寺廟追求雕樑畫棟、互相誇耀雄偉華麗！萬一國家發生水旱災，或外患入寇，即令寺廟牆上畫的、刻的龍與象跟雲一樣多（龍象如雲），又怎能對天災、外患有所助益！」

名句可以這樣用

雲的變化很多，對文學的啟發也很多：雲處在高空，所以形容高處就用「雲霄」；雲飄忽不定，所以稱無目的地的旅行為「雲遊」；雲的形狀捲曲且多變化，所以形容女子的美髮為「雲鬢、雲鬟、雲髻」。本文的用法是以雲的聚集形容際會的盛大情景，例如「萬商雲集」，其相反用法則是「煙消雲散」。

國家圖書館出版品預行編目資料

中文經典100句——資治通鑑續編/ 公孫策　著;
-- 二版. --臺北市 : 商周出版 : 家庭傳媒城邦分公司發行；2017.08
面：　　公分.--（中文經典100句；16）

ISBN 978-986-477-269-8（平裝）

1. 資治通鑑　2. 注釋
610.23　　106009863

中文經典100句16

資治通鑑續編

總策畫／季旭昇教授
作者／公孫策
副總編輯／楊如玉
責任編輯／陳靜芬
發行人／何飛鵬
法律顧問／元禾法律事務所　王子文律師
出版者／商周出版
城邦文化事業股份有限公司
台北市104民生東路二段141號9樓
電話：(02) 2500-7008　傳眞：(02)2500-7759
E-mail：bwp.service@cite.com.tw
發行／英屬蓋曼群島商家庭傳媒股份有限公司城邦分公司
台北市中山區104民生東路二段141號2樓
書虫客服服務專線：02-2500-7718・02-2500-7719
24小時傳眞服務：02-2500-1990・02-2500-1991
服務時間：週一至週五09:30-12:00・13:30-17:00
郵撥帳號：19863813　戶名：書虫股份有限公司
讀者服務信箱E-mail：service@readingclub.com.tw
歡迎光臨城邦讀書花園　網址：www.cite.com.tw
香港發行所／城邦（香港）出版集團有限公司
香港灣仔軒尼詩道235號3樓　網址：hkcite@biznetvigator.com
電話：(852) 2508-6231　傳眞：(852) 2578-9337
馬新發行所／城邦(馬新)出版集團 Cite (M) Sdn. Bhd.
41, Jalan Radin Anum, Bandar Baru Sri Petaling,
57000 Kuala Lumpur, Malaysia.
Tel:(603)9056-3833 Fax:(603)9056-2833
Email:cite@cite.com.my

封面設計／黃聖文
電腦排版／冠玫電腦排版股份有限公司
印刷／韋懋實業有限公司
總經銷／聯合發行股份有限公司
電話：(02)2917-8022　傳眞：(02)2911-0053
■2008年(民97) 6月3日初版一刷
■2017年(民106) 8月3日二版一刷
定價250元
printed in Taiwan

城邦讀書花園
www.cite.com.tw

 ISBN 978-986-477-269-8